企業哲学と共生の経営論を説いた

盛田昭夫と平岩外四

鈴渓義塾物語②

―鈴渓義塾の継承者たちの思想―

知多の哲学者シリーズ⑧

久田健吉

まえがき

私は「鈴渓義塾物語①」を、『村民とともに生きた盛田命祺と溝口幹―鈴渓義塾の創始者たちの思想―』として出版した時、「この〈鈴渓義塾物語〉を二巻本で出版しようと思っています」と書きました。そして二巻本目の「鈴渓義塾物語②」はこの本で、『企業哲学と共生の経営論を説いた盛田昭夫と平岩外四―鈴渓義塾の継承者たちの思想―』となります。

私はこの『鈴渓義塾物語』を、哲学物語として二巻本で出版しようと思っています。第一巻を「鈴渓義塾の創始者たち―盛田命祺と溝口幹の思想―」とし、第二巻を「鈴渓義塾の継承者たち―盛田昭夫と平岩外四の思想―」とするつもりです。これを哲学物語として書く。これがこの本出版の私の意図です。(『村民とともに生きた盛田命祺と溝口幹』「まえがき」より)

タイトルに変更があるのは、本として仕上げてくる過程で、こちらのタイトルの方がよいと思えたので、こうしただけです。それゆえ「哲学物語」として書くという私の意図には何の変更もないと明言しておきます。

しかし第一巻の出版から二年近くが経過しています。その理由は、他に仕事があってそれを先行させせたということがありますが、真実の理由は、第二巻出版に苦労したということです。

盛田昭夫にとっては、鈴渓義塾の創始者の盛田命祺は高祖父であって、盛田自身、盛田酒造の十五代目盛田久左衛門を名乗り（盛田命祺は十一代目盛田久左衛門）、盛田命祺の薫陶を受けて育っていますので、「村民とともに生きた」鈴渓義塾の思想と関係づけるのは比較的容易でしたが、平岩外四については苦労しました。

平岩外四が盛田命祺や盛田昭夫のように、「村民〔国民〕とともに生きた」経営者であることは直感的に分かります。彼の思想が語っていますので。しかし平岩は鈴渓義塾とは直接的には関係がありません。それを哲学的に論証する必要があります。ここで苦労したのでした。

どこまで論証できたか。その判定は読者に属します。私としてはかなりできたと思っています。

更に、平岩を論じる時、原発と原発事故は避けては通れません。私は人間が持つ願望の主観性について、カントの『純粋理性批判』（科学論）に則って、この問題の所在を明らかにしておきました。どんなに人間的な願望であっても、科学に基づいていなければ間違いを犯します。平岩は明らかに間違っていました。

この科学論でもいいものが書けたと思っています。しかし、ここでも多くの時間を費やしました。

前著でも言いましたが、この盛田昭夫の思想と平岩外四の思想も、盛田命祺の思想と溝口幹の思想の時と同じく、十年ほど前に、市民大学の「ちた塾」と「平成嚶鳴館」で行った講義録をブラッシュアップしたものです。しかし本の体裁をとるために、いくつかの加筆と変更がしてあります。ご了解ください。第三部の「盛田昭夫と平岩外四の思想」については、この本のために書き下ろしたものです。

ちなみに、盛田昭夫も平岩外四も、ともに常滑市から名誉市民の称号が贈られています。

令和二年　十月

久田健吉

［目　次］

第二部　平岩外四の共生の理念による経営論
―会社経営に共生の理念を導入―

第三部　盛田昭夫と平岩外四の思想
―日本企業の誇り、　盛田と平岩の企業論―

第一部

盛田昭夫の企業哲学

――命祺翁の思想を受け継ぎ企業哲学を展開――

はじめに

盛田昭夫は余りにも有名ですから、研究という名を借りて、ごちゃごちゃ言わない方がいいのかもしれません。小説にも書かれ、ある意味で研究し尽くされていると言えるからです。素晴らしい実業家という評価で定着しています。

にもかかわらず私が盛田昭夫論に関心を持つのは、タイトルに掲げたように、盛田命祺翁の思想を大切に思い、受け継ぎ発展させた人に見えるのに、だれもそれに触れていないということがあったからです。

盛田命祺は盛田昭夫の高祖父にあたる人で、盛田酒造の言い方で言えば、盛田命祺は十一代目盛田久左衛門、盛田昭夫は十五代目盛田久左衛門となります。

盛田命祺や盛田命祺の尽力で開校された鈴渓義塾の業績、盛田酒造の地域への貢献については地元では知られていますし、盛田命祺の経営思想は盛田酒造のいわば家訓ともなっていて、代々大切にされてきてもいます。しかし私が盛田昭夫に注目するのはそれだけではありません。もちろん知多の哲学者シリーズの一人として、知多の偉人、哲学者に列するにふさわしい人物と思うからが第一の理由ですが、思想的に見て、盛田命祺の経営思想をどう受け継ぎどう発展させたのかを知りたいということがあったからです。元ソニー会長だからではありません。ソニー会長にはその結果としてなれたのだと思います。

補足

「盛田命祺や盛田命祺の尽力で開校された鈴渓義塾の業績、盛田酒造の地域への貢献」については、二〇一八年に出版した私の著書『村民とともに生きた盛田命祺と溝口幹―鈴渓義塾の創始者たちの思想―』をご覧下さい。詳しく述べておきました。できればこの本はその本とセットで読んでいただきたく思います。セットで書いていますので。

盛田昭夫は晩年、鈴渓資料館をつくったり、盛田酒造の古文書を整理したりするようになります。その過程で、盛田命祺の思想分析において重要な研究を残すようになります。もちろん研究といっても自分ですべてをやるというのでなく、重要文書を研究機関に依頼して翻刻整理させる中で、意味づけをしていくという形をとりながらの研究ではありましたが。

盛田命祺の思想は、基本的には、溝口幹の『盛田命祺翁小伝』や白山神社の境内にある

「盛田命祺翁銅像」の文言において伝えられていますが、盛田昭夫は新たに、命祺翁の福沢諭吉への手紙の下書きを発見し、慶應義塾大学に持ち込み、命祺翁の実践が、福沢諭吉の実学思想に深い影響を及ぼしていることを解明したのでした。つまり命祺翁の実践は片田舎の実践でなく、日本をリードする実践であったことを証明したのでした。そして、命祺翁のこの実践が、福沢諭吉の『時事小言』に克明に書き留められていることをも明らかにしたのでした。

こう言うと、福沢は実学、殖産興業の立場で『時事小言』を書いたのであり、溝口幹の『盛田命祺翁小伝』に見られる慈悲と布施の思想とは関係ないと思われるかもしれませんが、しかし盛田命祺は一人の人間なのです。盛田命祺は分裂症であったのではありません。慈悲や布施による実践と実学としての実践は、盛田命祺においては統一されていたのでした。統一的に見るのでないといけません。

盛田昭夫はこの盛田命祺の思想をどう統一において理解し、受け継いでいったのでしょうか。

ソニーで功なり名を遂げたので、盛田昭夫は盛田酒造の当主として、格好づけに盛田家の古文書を整理したのではないと思います。我が思想の原点である命祺翁を顕彰するという気持ちがあってのことだと思います。盛田昭夫はこの分裂的に見える命祺翁の思想を、どのように統一して理解したのでしょうか。本講はこれを解明することも課題とします。

補足

「ソニーで功なり名を遂げた」と「盛田酒造の当主」という表現は矛盾しているように聞こえますが、盛田家では長男が当主として盛田久左衛門を名乗ることになっているので、こういう表現になっただけで、実質の盛田酒造の酒造りは弟の盛田和昭氏が担っていたのでした。盛田昭夫はソニーに専念し、酒造りはノータッチでした。

第1講　盛田昭夫の思想と命祺翁の思想

まず、盛田昭夫の略歴から紹介することにします。資料は「人間・盛田昭夫展―ソニーを創った愛知人」によります。この資料は、良子夫人の「天涯からのメッセージに添えて」の文に「2005年初夏」とありますので、この二〇〇五年の盛田昭夫展の際に作成されたものと思われます。因みに「天涯」とは盛田昭夫の戒名の一部です。

今までは盛田昭夫と呼称してきましたが、これからは盛田とします。盛田命祺などと区別するためにそうしてきたのでしたが、ここからは盛田昭夫の思想を述べていくのですから、こうします。逆に盛田命祺については命祺と呼称します。

一九二一年（大正10）誕生
一九四二年（昭和17）第八高等学校を卒業し大阪帝国大学理学部に進む
一九四六年（昭和21）井深大氏と東京通信工業株式会社（現ソニー）を設立
一九五九年（昭和34）ソニーの副社長に就任
一九六三年（昭和38）家族を伴いニューヨークに駐在
一九六六年（昭和41）『学歴無用論』（朝日新聞社）を出版
一九六九年（昭和44）『新実力主義』（文藝春秋社）を出版
一九七一年（昭和46）ソニーの社長に就任
一九八二年（昭和57）アメリカテレビ芸術・科学アカデミーより国際エミー賞「特別貢献賞」を授与される
一九八六年（昭和61）経団連副会長に就任（一九九二年退任）

『MADE IN JAPAN』（朝日新聞社）を出版
一九八九年（平成１）『「ＮＯ」と言える日本』（光文社）を出版
一九九一年（平成３）勲一等瑞宝章を授与される
一九九二年（平成４）「日本型経営が危ない」（文藝春秋二月号）を執筆
一九九三年（平成５）「新・自由経済への提言」（文藝春秋二月号）を執筆
11月30日　脳梗塞で倒れる。思考機能を失う
一九九八年（平成10）米国「タイム」誌の「二〇世紀の二〇人」に日本人として唯一選ばれる
一九九九年（平成11）11月３日　肺炎により逝去。享年78
この他に以下の国や大学、王室、都市から、勲章や称号が授与されている。
米国ウィリアムズ大学、英国王立芸術院、フランス共和国大統領、ドイツ連邦共和国、オーストリア共和国、愛知県常滑市、ブラジル連邦共和国、米国ペンシルベニア大学、スペイン政府、オランダ皇室、英国王室、米国イリノイ大学、ベルギー王室、スペイン・カタロニア州。以上。

盛田家関係の仕事〈久田調べ〉

一九八四年（昭和59）鈴渓資料館の建設

一九八三年（昭和58）『盛田家文書目録 上』の刊行

一九八七年（昭和62）『　同　　下』の刊行

一九八三年（昭和58）命祺翁の福沢諭吉への手紙を発見。慶應義塾大学へ持ち込む

盛田の思想を知る上でとても大切な本として、盛田の自著『MADE IN JAPAN』があります。しかしこの本は一九八六年刊行なので、盛田が一番輝いた一九九二年、一九九三年の思想の叙述が抜けています。その意味では、盛田没後に書かれた江戸波哲夫の『小説盛田昭夫学校』（上下、２００５、プレジデント社）が最適と言えそうです。しかし最適と言えそうでもこの本の盛田はソニー会長の盛田であり、世界の盛田、経団連の盛田として書かれていて、やはり常滑の盛田、盛田酒造の盛田、盛田命祺に薫陶を受けた鈴渓義塾の盛田は書かれていません。それゆえ私の出番はここにあるとなります。

それはともあれ、江戸波の本には盛田が、競争原理に基づく自由主義（自由経済主義）の戦士から、共存共栄の思想家に転換していく様が書かれています。しかも自由経済を守るた

めに。自由経済は競争原理至上主義では守れなくなっている。競争原理至上主義は世界の資本主義（市場）を破壊させている。このような認識で思想の転換を示したのが、一九九二年の文藝春秋の論文「日本型経営が危ない」だったと。「良いものを安く」が欧米に批判される理由になっているが、その理由を深く解明することによって、この思想に到達したと江波は言います。盛田は実際にはどう考えていたのでしょうか。

少し余談になりますが、私がこの一九九二年論文の所在を知ったのは、不破哲三氏の『マルクスは生きている』（２００９、平凡新書）の中でした。不破氏の解説は素晴らしかったです。私を読んでみようとさせたからです。しかし、実際にこの論文を手にした時の感動はもっと大きかったと言っておきます。「共存共栄の思想こそが自由経済を発展させる」。私はこの論文が書かれた当時、高校教師として、思いやりや隣人愛の思想なしの教育は間違いではないかと思い、隣人愛の道を模索しだしていたのですが、不思議な縁を感じて読みました。共存共栄は隣人愛の思想です。盛田と同じ時期に、場面とスケールの大きさは違うけれど、同じことを考えていたことになるからです。

さて、私はこの本の出版のために改めてこの論文を読むことにしたのでしたが、この論文は盛田命祺や溝口幹の思想の再来版、復刻版のように思えたのでした。村民とともに生きるのが命祺や幹の思想でした。つまり盛田は、この共存共栄の思想でもって自由経済を発展させようとしている。このように読めたからです。この思想は間違いなく世界規模の隣人愛の思想と言えます。

年譜で見ますと、盛田が命祺や盛田酒造関係文書の保存整理に着手したのは、一九八〇年代の前半です。盛田の思想の流れから考えますと、命祺や幹の思想を、とりわけ命祺の思想を学ぼうとしてこのようにしたように思えます。盛田は『盛田家文書目録上』の序文で、「国際協調を積極的に推進する必要に迫られている［今日］……過去の歴史社会を適確に認識することは……極めて重要である」と言い、「徳川時代の社会経済文化を創りあげた国民の能力と資質」を、これらの文書を通して認識して欲しいと言っています。

命祺の酒造での成功は、端的に言えば、彼の努力による酒造法の革新と回船業の運営にあったことは明らかです。しかし命祺はその利益を独り占めにすることなく、村民とともに生きる道を選択したのでした。この選択において、鈴渓の郷が築かれ、多くの人材を輩出することになったのでした。盛田はこの命祺の思想を学んでこの論文を書いたように私には思えたのでした。論文の中味で確認することにしましょう。

サブタイトルが「〈良いものを安く〉が欧米に批判される理由」となっています。良いものを安くが日本型経営の基本であって、常識的に考えれば何も悪くないのですが、なのに欧米から責められ批判されています。だから君たちの努力が足りないからという反批判だけでは、日米欧の協力体制が崩れ、自由経済システムが崩壊してしまう恐れがあります。欧米からの批判は共存共栄を求めての批判ですので。だから、日本型経営のどこが問題なのかを日本人自身が見直し、日本企業が欧米と整合性のあるルールの上でフェアな競争をするようにするのでなければなりません。こう考えて、良いものを安くだけの日本型の経営では危険をもたらすと言ったのでした。

盛田は後で列記しますが、六点の反省項目を挙げます。しかし日本だけが反省すべき点を持っていると言うのではありません。欧米も持っています。盛田はその点をこの論文で述べていますが、列記はしません。それゆえ薄い指摘のようにも見えます。

しかしこの六項目の反省点は、今日のグローバリゼーションの中で露になっている競争至上主義の弊害を厳しく批判するものになっています。日本企業の競争主義を自己批判しつつ（ずばり批判しています）、グローバリゼーションの一番の問題は、儲けのためには手段を選ばず、国を捨て国境を越えて憚らないという功利主義思想にあるわけですが、これをきちんと批判する形で書いています。それゆえ、同時に、欧米にも反省を促すものになっています。

しかし盛田はこれの具体的展開の前に、つまりこの論文執筆の一年半後に、脳梗塞に倒れ思考機能を失ってしまうのでした。

共存の必要とグローバリゼーション批判。今日最も必要とされるテーマです。この課題を提起しながら盛田は走馬燈のように表舞台から消えてしまうのでした。しかし批判の骨子はこの論文に書かれています。盛田の批判と自己批判を見ておくことは大切です。そしてグローバリゼーション批判の核心を見ておくことも大切です。盛田は次のように言います。

近年の欧米では、製造と技術に通じた人間（エンジニア）がトップマネジメントにいず、ビジネススクールを出た人やロイヤーばかりがもてはやされ、儲け主義に走り、高品質・高性能の製品づくりを疎かにしていますが、こんなでいいわけがありません。更にこれと関連して、十年先、二十年先の技術について考えようとはせず、目先の利益のことしか考えていませんが、これもよくありません。こうしたことが彼らを技術的に遅らせ、彼らは日本を「集中豪雨的輸出」と非難しますが、集中豪雨的輸出はその当の国の人が買うから起きているわけで、つまり「集中吸引的輸入」において生じているのですが、こういう状況を彼らがつくり出しているのだと批判します。

盛田が欧米の批判に対する反批判で一番言いたかったことは、市場原理に則った自由経済システムのもとで良いものを安く消費者に届け、消費者を豊かにする競争こそが大切なのに、欧米はそれをしてこなかった、このことでした。儲かればいいという考え方に走るのはやめよう。

しかしこの儲かればよいという考え方は日本企業にも跋扈して来ています。欧米とは違った形で。これを反省したのがこの論文です。共存共栄の自由経済システムを発展させていくために。欧米と整合性のあるフェアな競争のルールを構築するために。集中豪雨的輸出と批判されないために。

しかしその前に、大事なことを確認しておきます。

盛田は、日本が圧倒的な競争力を身につけた理由に、進んだ技術の背後に質の高い労働力があることを挙げています。そしてこの質の高い労働力は終身雇用制によってもたらされたと言います。

なぜか。終身雇用制は管理職と従業員の間に運命共同体的意識をつくり出し、労使間、従業員間に給与面で大きな格差を設けないやり方や給与の年功序列システムの日本的平等主義を生み出しますが、これが逆にこの共同体意識に拍車をかけ、労使一体という企業風土を生み出し、高い技術力と競争力を生み出してきたから。だから盛田はこの企業風土を反省しようと言うのではありません。もっと育てていこうと言うのです。詳しくは第2講参照。

では盛田は何を反省しようと言うのでしょうか。跋扈してきた日本的競争主義に対してです。これを批判、自己批判したのでした。

①競争主義の余り、労働者の休暇と労働時間の短縮を忘れている。生活に豊かさとゆとりが得られるように配慮するのでなければならない。

②競争主義を克服して、給与は、企業の運営を担うすべての人が真の豊かさが実感できるレベルまで高めるのでなければならない。労働者を差別してはいけない。

③競争主義を克服して、欧米並の配当を確保するようにしよう。

④競争主義を克服して、資材・部品の購入価格や納期の面で取引先に不満を持たせないようにしよう。公正な取引をするのでなければならない。

⑤競争主義を克服して、企業も働く人も社会やコミュニティの一員であることを忘れないようにしよう。企業はコミュニティが抱える問題をともに分かち合う覚悟を持つべきである。

⑥競争主義を克服して、環境保護及び省資源対策に十分に配慮するようにしよう。環境、資源、エネルギーは人類共通の財産である。

見られるように、盛田は以上六点において、日本的競争主義を自己批判したのでした。

この六項目には、日本型競争主義の問題点がずばり書かれていますが、欧米批判の項目も日本企業の優秀性の項目も入れられていません。当然です。反省すべきこととして書いたのですから。競争主義の下で異常な競争主義に走る日本企業の反省点を書いたのですから。しかしこの反省項目は同時に、競争主義に走る欧米の企業にとっても大切な反省点になるはずです。そこで、整合性のあるフェアな競争のルールをお互いの努力で構築し、共存共栄の自由経済システムを発展させていこうと説いたのでした。

盛田の日本企業についての自己批判はもっともです。日本の多くの企業は競争に勝つことのみを至上目的にし、従業員や協力企業に無理を強い、コミュニティや環境問題に我関せずであったのは事実です。この企業態度こそが、欧米から「集中豪雨的輸出」と批判されたのでした。

それゆえ、盛田は反省しつつ、〈良いものを安く〉の精神で世界経済をつくっていこう。競争主義に走るのでなく。この論文でこう呼びかけたのでした。私は先に、この論文のことを「盛田命祺や溝口幹の思想の再来版、復刻版」と書きましたが、命祺と幹は村民とともに生きる実践を展開しましたが、盛田は世界市民とともに生きる実践を展開しようとしていることが分かります。

盛田がもう十年長らえてくれていたら、今日見られるグローバリゼーションが形を変えたものになっていたことでしょう。早い逝去を残念に思います。

第2講 『MADE IN JAPAN』の思想

私はここまで論じてきて気づいたのですが、一九八六年刊の盛田の著書『MADE IN JAPAN』はもっと研究されるべきだということです。

江戸波の『小説盛田昭夫学校』の紹介だけですましていると、盛田酒造のことや、盛田命祺や溝口幹から薫陶を受けたことなど、見ることなしにすましてしまいそうですので。

この『MADE IN JAPAN』の執筆と盛田家文書の整理は時期的に重なります。鈴渓資料館建設は一九八四年、『盛田家文書目録』上巻の刊行は一九八三年、同下巻の刊行は一九八七年です。両者には深い関係があるはずです。

この研究の必要は、先の論文「日本型経営が危ない」（1992）の土台部分が、『MADE IN JAPAN』に依拠している所にあります。この書では、日本の質の高い労働力を育んだ終身雇用制や運命共同体的意識や年功序列システムについて、「企業は家族だ」「競争は日本企業のエネルギー源」「世界貿易―危機を避けるために」という章立てをして、詳しく論じています。

しかし「日本型経営が危ない」と『MADE IN JAPAN』の間には、自己批判があるかないかで決定的な差異もあります。この差異を掘り下げていったら、命祺や幹、鈴渓の人たちとの関係がもっと出てくることでしょう。こんな期待も持っています。

今講と次講で『MADE IN JAPAN』を読み、このことを考えることにします。

私はこの本を読んで、盛田の思想を以下のようにまとめます。

盛田の思想を語るに、ソニーをともに築いた井深大との関係を抜きにして語ることはできません。井深との関係からはじめます。

二人の関係は、「井深なければ盛田なく、盛田なければ井深輝かず」と言っていいと思います。思想において、盛田命祺と溝口幹の関係に酷似しています。

井深と盛田の深い関係は、「企業哲学」の共通理解に見ることができます。

では、その理解においてどちらが主導者であるか。井深か盛田か。どちらとも言えないと思います。井深が創業した東京通信工業（ソニーの前身）に盛田が共鳴し参入したということですので、井深が主導者と言えなくはないのですが、盛田の参入において共通の企業哲学の思想は一層開花実現したわけですので、そうとばかりは言えません。しかもこの企業哲学を深化させていったのが盛田であることは論を待ちません。

「真面目ナル技術者ノ技能ヲ最高度ニ発揮セシムベキ自由闊達ニシテ愉快ナル理想工場ノ建設」が井深の企業哲学でした。自由闊達なチームワークの中で、新しい価値ある製品をつくり出していく企業を目指そうというのが井深の企業哲学。盛田はこの井深の夢を実現しようと献身する中で、井深の企業哲学を一層深いものにしていったのでした。

深化の過程を具体的に見ていくことにしましょう。

盛田の企業哲学の素晴らしさは、テクノロジーの概念を深く解明した所にあると言っていいでしょう。盛田はテクノロジーについて次のように言います。

科学的発見は人間の生活を豊かにしてはじめて人間的意味を持つものとなります。そして科学的発見を人間生活に役立つものにするのがテクノロジーです。だから科学者をほめるのは当然として、返す刀で技術者を低く見るという考えは間違っています。

テクノロジーは人間のサバイバルから生まれてきたものです。よりよい生活はこのサバイバルと関係があります。グアムのジャングルで生活していた旧日本帝国軍隊の横井庄一軍曹が生還できたのは、このテクノロジーを駆使することにおいて生き延びることができたからです。

次に経営者の概念を変えていきます。

製造業の経営者は、経営学者やビジネススクール出だけではいけないと言います。経営陣の中に、テクノロジー研究者が加わるべきだと言います。経営の生命は、サバイバルに根を持ったよりよい生活のための製品を市場に送り出すことで、経営を発展させることにあります。これが儲け主義に陥ったら、長い目でしかやれない商品開発や企業投資や企業教育も駄目にされる恐れがあります。それに営業畑だけだと技術者の声を十分に聞くことができず、次に何を作るかの経営戦略は極めて貧しいものにならざるを得ません。更には製品が持つ素晴らしさを消費者に伝える点でも、不十分さが出てきます。

更に盛田は次のようにも言います。経営学者やビジネススクール出だけだと、経営戦略は消費者のニーズに応えることが中心になってしまいます。これでは生活をよくするというテクノロジーの真価を発揮することはできません。消費者のニーズとテクノロジーから出て来る要請との融合が必要です。テクノロジー研究者の経営参加は避けて通れないという理由はここにあります。

こう述べた後、盛田は更に、企業経営における家族主義の大切さを解明していきます。

経営者の重要な役割に、社員との間に健全な関係を育てることがあると言います。いい製品は経営者と社員が一体となり、連携の中でしか生み出すことはできないからです。企業の目標を社員全員が共有するのでないといい製品をつくることはできません。社員の中に経営者と運命をともにする意識がないといい製品はできません。

そしてこの関係を生み出すのが企業における家族主義だと言うのです。ソニーの経験では、年功序列や終身雇用制が家族主義醸成の財産となりました。中間管理職の登用と稟議制も一体感を育む上で大事な働きをしますが、なんと言っても年功序列や終身雇用制が家族主義醸成に大きな力になりました。この家族主義が、労使の年収の点で殆ど差のない関係をつくり出してきたのでした。

戦後の新労働法が家族主義醸成の決定的な力となりました。新労働法は簡単に労働者を馘首（かくしゅ・首切り）してはいけない、馘首できない仕組を持った法体系として出てきましたが、これがこの思想を育ませたと言います。なぜなら労働者を戦力として育てるのでないと、会社はやっていけなくなりますので。経営者は労働者を仲間と考えるようになりました。こうした中で、労働者も会社を生活の糧を得る尊い場と考えるようになりました。そして労使の共存共栄こそ大切という思想を、労使ともども身につけていったのでした。労働者はみな「検査係」という思想を持っていますし、日本古来の「もったいない」思想はこの中で生かされ、無駄にしない思想をみなが持つようになりました。景気が悪くなればレイオフではこの家族主義は育ちません。日本企業はいわばレイオフを禁手と考えてきました。

以上が盛田がソニーで考え実践する中で育んだ企業哲学です。盛田はこの企業哲学を次のことばでもって概括します。

日本は資本主義の国ではありますが、私は社会主義的、平等主義的な自由経済の国と考えています。他の経営者も労働者もこう考えていると思います。新労働法がこれを生み出しました。日本株式会社だと揶揄する向きもありますが、それはこの家族主義の素晴らしさの理解できない人の考え方だと思います。

盛田が井深がはじめた企業哲学を、経営者の概念を以上のように深めることで、豊かなものにしてきていることが分かります。

少し欠落させた問題があります。それを補いながら次に進みます。

まずこの『MADE IN JAPAN』の出版の経緯についてです。

この本ははじめは英語版として出版されたのでした。その後で日本語に翻訳され日本語版として出版されました。

この本は、盛田昭夫の思想を明らかにするために、下村満子とE・ラインゴールドが盛田昭夫にインタビューし、それをもとに両者の責任において編集出版されたのでした。当初は日本語版の予定であったので、下村の単独インタビューでしたが、途中、盛田の希望でまず英語版で出すことになって、急遽E・ラインゴールドの参加を要請し、共同でインタビューをするようになったと言います。インタビュー記事の翻刻と英訳を協同で行い、E・ラインゴールドが中心になってまず英語版を出版しました。日本語版はその翻訳。しかし英語版には日本人にとってあたりまえのことが長々書かれていたり、盛田の日本語インタビューがある時には、わざわざ英訳を日本語訳にする必要はないので、翻訳には違いないけれど、下村の責任で、削ったり入れ替えをした部分がかなりあって、オリジナル性の強い翻訳本として、日本語版は出版されたのでした。

さて、なぜ最初が英語版なのか。理由は盛田の考えや意見を欧米の読者に率直に伝えるには、これが一番と盛田が考えたからだと言います。この書は、自由経済における欧米の保護主義的動向に対する批判として書かれています。

先の「日本型経営が危ない」での六点の自己反省には、欧米批判についてははっきりとは書かれていませんが、あの自己批判の裏返しが欧米批判になりますので、この論文においてもグローバリゼーションの功利主義に対する批判は明瞭です。

では、欧米批判はどういうものであったのでしょうか。具体的に見ていくことにしましょう。


生活向上のためのよい製品をつくり出すには、テクノロジーの意味をみながしっかり理解し、技術者の経営陣への登用を含め従業員の自由闊達な活躍を保障するのでないとできないのに、欧米ではそんなことは思いもせず、経営陣を経営学出やビジネススクール出で固め、目先の利益追求と功利主義に走っている。

労働者は経営者のパートナーで、彼らの力こそが製品づくりの原動力なのに、欧米では彼らを道具のように扱い、レイオフを当たり前のように実行している。労働者を育てるという観点が欧米にはない。

この結果、劣悪な製品がつくられ、日本製品に負け、彼らの国民が競って日本製を求め

るという集中豪雨的輸入超過が生じているのに、集中豪雨的輸出と言って日本を非難し、輸出規制を求めるという保護主義的行動を取り出している。盗っ人猛々しい議論を弄するにも程がある。集中吸引的輸入をつくり出している自国民を批判するならまだしも。保護主義は自由経済を窒息させる。

少し過剰な表現を用いて盛田の欧米批判を紹介したことを恐縮に思いますが、内容としてはこういうものとしてあったと言って過言でないでしょう。

この本の書名は『MADE IN JAPAN』ですが、この命名には製品だけが日本製ではないという意味が込められています。この製品をつくりだした思想・工場こそが日本製なのだと。こんな盛田の叫びが聞こえてきます。欧米はいつまでも日本を後れた野蛮な国と考えるのでなく、優れたものは優れたものとして理解して学ぶべきではないか。

もう一点、新自由主義の功利主義、マネタリズム批判については、後で触れることにします。

しかしこの本には自己批判は見られません。この点が一九九二年の論文「日本型経営が危ない」と決定的に違う所です。「日本型経営が危ない」の論文には共存の思想が濃厚に出ています。

この差異は、「はじめに」で問題にした鈴渓資料館の建設や盛田命祺翁顕彰と深い関係があるように思えます。しかし今はそのことを考慮せず、この論文とこの本において、その差異の生じた理由を考えていくことにします。

先に『MADE IN JAPAN』には自己反省がないと書きましたが、微妙にはあったと言えなくもないのです。右に見たように欧米批判が中心ですが、同時に、日本の一人勝ちは決していいものではないと言ってもいますので。その上に立って、盛田は、次世代製品としては何が必要となるかについて、日米欧の政財界人会議を開いたりして、情報交換をし合い、誤解を生まない競争関係をつくっていこうと提案します。

補足

この頃から、サミットやGセブンなどの国際会議が持たれるようになりますが、盛田の政財界人会議の提案が引き金になっているように思えます。

しかしこんな批判中心の思想を書いていたのではいけない。もっと共同するものでなければば。こういう危機意識を盛田に芽生えさせる事態が世界資本主義の中に発生してきたのでした。それは、後で触れるとして残しておいた新自由主義のマネタリズムの台頭です。

現代の資本主義はグローバル化（世界化）して、生産と消費が世界規模で行われますので、各国の間に貨幣の価値に不均衡が生じてきます。その不均衡は調節されねばなりません。現代資本主義はそのために、通貨を変動相場制に移行させて、貿易の不均衡によって生じた通貨の不均衡を為替レートを変動させることで、バランスを取るということにしています。

新自由主義のマネタリズムはこの変動相場制を金儲けの場にする思想です。別言すればこの変動相場制がマネー商人を生み出してきたとも言えるのです。そしてこのマネー商人は、更に、為替レートの変動を利用した金儲け主義から、大量のお金を投入して人為的に為替レートの変動をつくり出して儲ける金儲け主義へと移行するという事態にもなっています。その結果、為替レートが生産の実勢を反映しない形で大幅に変動させられるという事態になっています。

こんな風では、新製品の開発への投資はできなくなります。博奕的投資になってしまうからです。投資がなくなれば産業は衰退します。産業が衰退すれば、市場も経済も駄目になります。これを放置しておいたら産業は守れなくなります。自由経済は崩壊してしまいます。今こそ世界は一致団結して危機回避にあたるべきです。ともに発展するという道徳的勇気を持って対処するようにしよう。日米欧の政財界人会議の開催を求めるとなったという次第です。

しかし、この本には、共存のための共同行動の提案はあっても、やはり自己反省の思想を見ることはできません。「日本型経営が危ない」には、日本企業が持つ異常な競争主義の自己批判があり、欧米が提案する共存共栄のためのあり方を受け止め、そのための逆提案をするという態度になっています。

なぜこのように変更したのか。右で見たように新自由主義のマネタリズムの台頭に対する備えが必要となったからです。こんなものに翻弄されたら世界経済は崩壊してしまいます。しかし批判だけに留まっていたら共存共栄の資本主義は実現しません。足の引っ張り合いになりますので。この本の刊行後も、盛田には忸怩たる思いがあったと思います。どう克服すべきか。共存共栄の資本主義を実現するために。

私はこの忸怩たる思いが、盛田をして、命祺や幹や鈴渓の人たちに出会わせ、「日本型経営が危ない」を書かせたのだと思います。

第3講　盛田命祺翁との本当の出会い

盛田は盛田酒造の十五代目当主ですが、小鈴谷には住まず、名古屋市の高級住宅街の白壁町で育ちました。父の十四代目当主の引っ越しに伴ってこうなったと言います。

父は出張社長として小鈴谷に来て会社を運営したわけですが、大事な会議や打ち合わせの時には必ず盛田を伴い、当主教育を施したと言います。それゆえ盛田は、私の郷里は常滑の小鈴谷だと明言しています。

しかし不思議に思うことは、こう言いながら、この『MADE IN JAPAN』には命祺の名前は一度出て来るだけで、幹の名前も、かつてこの地に鈴渓義塾が存在したという記述も出て来ないということについてです。そしてこの不思議の目で見ると、命祺の叙述も感動をもって述べられていないことが分かります。優秀な経営者であったという叙述はあっても、なぜ白山神社境内に銅像がつくられ顕彰されたかの説明はなく、銅像除幕の際に、元東芝会長の岩田弐夫が旗行列で参加したというエピソードが書かれているだけですので。

更に、盛田は『MADE IN JAPAN』の中で、最近（1984）、盛田酒造が残してきた記録文書の保存とそれの近代日本史研究の寄与のために鈴渓資料館をつくったと語っていますが、何か淡々としていて、命祺や幹によって形成された鈴渓精神を受け継いでいこうというものにはなっていません。

そして、ここまで書いてきて、私は、前講で問題にしたように、一九八三年刊の『盛田家文書目録 上』の序文と、この『MADE IN JAPAN』の叙述とでは、思想が少し異なっていることに気づいたのでした。

つまり、一九九二年の論文「日本型経営が危ない」と一九八三年の『盛田家文書目録 上』の序文は命祺翁の思想に則っているのに、一九八六年刊の『MADE IN JAPAN』は則っていないのではないかということに気づいたのでした。

一つの説明として、一九九二年論文と一九八六年の『MADE IN JAPAN』の間には六年の差があるので、その間に盛田が命祺翁の思想を学んだからという説明は可能となります。しかし『盛田家文書目録 上』の序文は一九八三年に書かれているので、この説明は不可能です。しかも『盛田家文書目録 上』発行の準備は七、八年前からと言いますので、ますます不可能です。

しかし私は、やはり盛田はこの間に命祺翁らの鈴渓義塾の思想を学んだのだと思います。

執筆兼編者の下田満子によれば、盛田へのインタビューは『MADE IN JAPAN』刊行の十年前から始めたとのことです。「生い立ち」や「海軍生活」や「終戦」の部分とともに、要の盛田の企業思想についても、比較的早くから収録されていたのではないでしょうか。こう考えれば、この本の刊行の時点では、学んでいなかったという私の仮説は辻褄があってきます。

盛田家文書の整理を盛田家当主として始めたのが一九七五年頃、『MADE IN JAPAN』へのインタビューが始まったのも一九七五年頃。盛田は『MADE IN JAPAN』の中で、「もしも将来、隠退し、まだ頭がぼけたりしていなかったら、私はそのわが家の蔵にとじこもって、それらの貴重な古文書を徹底的に研究してみたいと考えることもある」と言っています。

この発言から、盛田は当主の勤めとして文献整理を始めたのであって、読了し理解した上で文献整理を始めたのではないことが分かります。しかし盛田は、忙の中に閑を見いだしては、すこしずつ研究していったのだと思います。一九八三年には、命祺翁の福沢諭吉への手紙を発見し、慶應義塾大学に持ち込みその鑑定をお願いしているほどですので。

この間どれほど盛田が命祺から学んだかは分かりません。しかし『MADE IN JAPAN』から「日本型経営が危ない」への飛躍は大変な飛躍です。批判から自己批判への飛躍ですから。学ぶことなしにはこの飛躍はないでしょう。盛田は命祺翁について先に見た以上には語っていないけれど。学んだのだと思います。

以下で、命祺との関係を、この思想の飛躍を追う中で類推することにします。

繰り返しますが、「日本型経営が危ない」論は、『MADE IN JAPAN』の内容を自己批判して書かれたのではありません。論点は第1講で紹介した通りであって、主張がどれほど正しくても、一方的主張では共存共栄の道は開けません。相手の言い分を聞き入れ、共存の努力をして来なかったことを自己批判するのでなければ。こういう内容になっています。欧米が「集中豪雨的輸出」と批判するのを、「集中吸引的輸入」の結果と切り返すだけではいけない。欧米諸国は共存を希望して批判しているのだから。このことを理解して反批判をするのでなければ。

この共存の目で見ると、第一に日本の価格競争主義は改めなければならないことが分かってきます。

日本企業の価格設定は、市場でシェアをとるために利益を犠牲にした形でなされることが多々ありますが、これはフェアではありません。価格の設定は常識的には材料費、人件費、研究開発費、広告費などの生産と販売コストの上にマージンを加えて決定すべきものだからです。欧米諸国が侵略と批判するのももっともです。

第二は、日本企業の体質は競争主義に貫かれていますが、これも改めるのでなければなりません。

競争力強化の御旗の下で、日本企業の優れた家族主義、つまり終身雇用制や年功序列制によってつくり出された運命共同体としての家族主義を低賃金の温床としつつ、協力会社へは無理強いをし、地域社会に対しては利益の還元を忘れ、環境破壊への関心をなくしています。このような競争主義の日本企業に対して、欧米の企業がアンフェアと言うのはもっともなことです。

この二点を確認した上で、第1講で示したように、六点を反省項目として挙げたのでした。人間的豊かさを求めるためのルールをつくって、ともに共存しよう。市場をともに支えていこうと。

しかし人間世界とは勝手なもので、盛田の挙げた反省項目は実践されず、今日の日本も世界も深刻な事態に陥っています。どうしてこうなってしまったのか。この問題については、次講で改めて考えることにします。

元に戻りましょう。

これらの反省点は、命祺や幹の思想に極めて類似していることが分かります。今、極めて類似と書きましたが、それは形において類似していると言うのではありません。思想的に類似性を感じるということです。

私は先々回のこの講座で、命祺について、「村民とともに生きた盛田命祺」というテーマで講義をしましたが、まさにその通りであって、命祺は、村民あっての私、村民に生かされている私という思想を貫き、お金を儲けた者の当然の勤めとして、貧しい人や幸せ薄い人を救い、村民のために道をつくったり、学校をつくったりしたのでした。布施の実践です（厚徳廣恵）。

そして幹はこの命祺の薫陶を受け、村民教育に献身し、鈴渓の郷を「徳これ香る」（徳惟馨）郷にしていったのでした。

補足

「先々回のこの講座」とは、知多市や東海市の市民大学で行った講座のことです。

盛田は鈴渓資料館と盛田家文書の整理に携わる中で、この共存の心がどれほど大切かを学んだのだと思います。命祺も幹もともに村民から慕われ、碑がつくられ、その功績は時代を越えて伝えられようとしています。それに比して自分は、集中豪雨的輸出者と言われて非難されている。決して悪いことをしていないのに。どうしてこうなるんだと自問する中で、命祺や幹の思想に触れ、自分に欠けているのは、共存の心、犠牲を払ってでもともに生きるという思想のないことに気づいたのだと思います。

これがなかったら、自己批判など思いもしなかったと思います。『MADE IN JAPAN』の中には自己批判の思想など微塵も見られませんでしたし、それに、たとえ集中豪雨的輸出という批判が正しくても、盛田のソニーは批判されるような悪徳的行為をしていないのですから。

しかしこの共存という思想に立てば、自由経済の市場は共存の場であって、一人勝ちしていい場所でないことが分かってきます。市場は人々の生活を豊かにしていくためにある場です。だから競争はそういうものでなければならず、市場を破壊する様な競争であってはいけません。競争は市場をお互いに支え合う競争でなければなりません。社会的理性の働く競争でなければなりません。

以上二点において、盛田は日本企業を自己批判したのでした。一言で言えば、ルールに抵触しなければ何をしてもよいという日本企業の競争主義を自己批判したのです。生産費を無視した競争的価格を設定して（価格破壊）、非人間的な競争をするのでなく、公正な価格設定の上での共存的、人間的競争を提案したのでした。先に命祺や幹との類似は形でなく、思想性においてあると言いましたが、ともに人間的に生きていこうという点が共通項です。

とは言え、命祺と盛田の共存的思想の間には少し差があるように見えます。右で形における類似でなく思想における類似と言いましたが、その思想における類似という点において。命祺の共存的思想には仏教の慈悲や布施の思想が色濃く見えるのに、盛田には見られないということ、このことにおける差の問題です。

としたら、盛田には慈悲や布施の心はなかったということになるのでしょうか。そうではありません。第2講で述べた彼の企業哲学の中には、慈悲や布施の心が色濃く出ています。会社が経営難に陥ったからといってすぐにレイオフしないという思想の中に。つまり困難を切り開きともに生きていこうという思想は、まさしく慈悲と布施の思想です。形を変えて生きている、こう言っていいと思います。

とすると命祺との出会いは、今問題にしている一九八〇年代後半ではなくもっと以前からとなります。こう考えると、これはこれで新たな矛盾が生じてきます。しかし驚くには値しません。盛田は『MADE IN JAPAN』の中で、父から会社の重要な会議には当主として参加させられ、会社の運営や従業員とどういう関係を築くかについて教えられたということを語っていました。盛田酒造には命祺によって築かれた家族主義、経営哲学が家訓として生きていて、盛田はそれを肌で感じながら身につけていったのだと思います。

しかしこの企業哲学をよく見ると企業内のことであって、企業の外のことは射程内にないことが分かります。集中豪雨的輸出という批判に応えるには、他企業や外国世界との共存を考えるのでないと応えることはできません。そこで盛田は、命祺の思想や幹の思想を改めて学び直したのだと思います。共存は内だけの共存でなく、外との共存がなければ本当の共存とは言えないのだと。

慈悲と布施の心に生きるとはともに生きること。村民とともに、世界の人々とともに。盛田はこの心を命祺や幹や鈴渓の人たちから改めて学んだのです。換言すれば、この間に盛田はこの思想を熟成させ、我が物にしていったと言ってもいいでしょう。慈悲と布施の心においていて、両者には差はないと言っておきます。

ここまで書いてきて、欠落のあることに気づきました。命祺から学んだ点の欠落です。以下でそれを補います。

盛田が命祺から学んだもう一つ大切なものに技術の尊重があります。

第2講で述べましたが、盛田の技術論は、技術は科学を人々の生活を豊かにするためにあるというものでした。この技術論は言われてみれば当然ですが、卓越した技術論です。科学者は尊いですが、その科学的成果を人々の生活向上に役立てる技術者も同時に尊いと言うのですから。

さて、この卓越した技術論はどこから生まれてきたのでしょうか。大阪帝国大学理学部で学んだことや盛田の資質によるのはもちろんだけれど、やはり命祺から学んだのだと思います。

先の『村民とともに生きた盛田命祺と溝口幹』で紹介した「敬業堂」の文言を想起していただきたい。この文言は、愛知県令の国定廉平が命祺を評して書き贈った掲額の文言です。敬業堂とは産業を大切にした人という意味でしょう。今はこの掲額は鈴渓資料館に収められていますが、盛田が幼い頃は、この掲額は客間の長押の上かどこかに掲げられていたと思います。盛田はこの精神を当然のこととし、血肉として身につけてきたのだと思います。

私は第1講で、盛田が『盛田家文書目録 上』の序文で、「国際協調を積極的に推進する必要に迫られている［今日］……過去の歴史社会を適確に認識することは……極めて重要である」と言い、「徳川時代の社会経済文化を創りあげた国民の能力と資質」を、これらの文書を通して認識して欲しいと言っていることを紹介しましたが、今ここで、「徳川時代の社会経済文化を創りあげた国民の能力と資質」とは何を指して盛田がこう言ったかを想像するに、私は慈悲と布施の心及び敬業の精神だと思います。どうでしょうか。

こう見てくると、盛田の中には、命祺や幹や鈴渓の人たちによってつくられた敬業の精神及び慈悲と布施の心が見事に結実していることが分かります。私は「はじめに」の所で、「盛田はこの命祺の思想をどう統一において理解し、受け継いでいったのでしょうか」と問を立てておきましたが、これがその解答となります。

盛田の企業哲学を改めて概括すれば、「慈悲と布施の心及び敬業の精神に生きるのが企業」となります。簡単に「共存に生きるのが企業」と言っても同じです。

第4講　生かされない盛田の願い

盛田は一九九二年に「日本型経営が危ない」を文藝春秋の二月号に発表し、翌一九九三年の同誌二月号に「新・自由経済への提言」を発表し、その年の十一月三十日に脳梗塞で倒れ、人事不省に陥ります。

両論文ともに、日米欧が共存の心において、自由経済の市場を支え、敬業の精神を発揚して人々の生活を豊かにしていこう、貧困を克服し、環境破壊を克服していこう、マネタリズムも克服していこうという思想で書かれています。盛田の思想を振り返りつつ、この問題を改めて考えてみることにしましょう。

表面的に言いますと、盛田の願いは生かされていないように見えます。というよりも潰されているようにさえ見えます。しかしこの発言には私自身少し不安を覚えます。というのは、こういうことを正しく言うには現代への深い洞察なしには出来ないからです。それゆえあくまで表面的に考えるとに限定しておきます。

一番感じるのは、盛田が一番大切にしてきた企業哲学、企業の家族主義が、企業において駆逐されているように見えるということです。

企業が儲け主義に走り、それに失敗すると従業員を馘首して生き残るというやり方がとられています。正社員を減らし、非正規雇用を増やし、それを雇用の調整弁として利用するというようになっています。これでは労使一体や運命共同体としての家族主義思想は育ちようがありません。この家族主義思想こそが従業員のやる気・元気・献身の心を育んできたのでした。これが駆逐されようとしています。

それに、盛田は述べていませんが、戦後の日本人がここにアイデンティティを見いだしてきたのも事実です。これの駆逐によって、日本人のアイデンティティが崩れ、びっくりするような社会的事件が発生するようにもなっています。たとえば殺したいから殺したというような事件です。

そして、総じて現代の日本企業は怠け者になってしまったように私には見えます。これは、企業が家族主義思想を大切に思わなくなったことと関係があるでしょう。新労働法で規制されていたとは言え、従来の企業は従業員を家族のように思い、馘首することを禁手と考え、賃下げはしても馘首は避け、労使で道を開いてきたのでした。経営者は親的な考えを持ち、自らの努力で苦境を乗り越えてきました。

しかし現在の企業は苦境に立たされると、贅肉落としと言って従業員を馘首し、法人税が高すぎると言って負けさせ、事業の失敗を国に穴埋めさせたり、企業活動の自由を保障せよと言って国民の安全を守ってきた規制を緩和させたりして、自らの努力で局面の打開を図ることをしなくなっているように見えます。困難に立ち向かわない企業。どう考えても、私には怠け者の道に転落しているように思えます。従業員とともに頑張るという思想を欠如させています。

今日の企業の言い分を聞いていると、企業を守るのは国民、国家の義務と言わんばかりです。企業は雇用を生み出す宝物である。なぜならこの宝物がなければ国民は総失業となるから。それゆえ企業を守るのは国民、国家の義務。国民や国家は企業を尊重し、企業に奉仕するのでなければならない。こんな考え方が透けて見えます。全くの無責任です。

盛田の企業哲学とは何と隔絶してしまっていることでしょうか。全く逆のことが言われています。盛田が人事不省に陥って三十年近くになりますが、この間に日本社会が変質してこうなったのでしょうか。それともこの盛田の発言は理想すぎていて、当初から日本の企業の間では問題にされることがなかったからなのでしょうか。それとももっと深部での大きな理由があってこうなったのでしょうか。その根本的理由は私には分かりません。しかし、表面的には非正規雇用で年収二百万円そこその人が馘首され、年収何億円も取り、二百兆円以上も内部留保金を貯め込んでいる企業や企業家が馘首していることは明らかなのです。

道徳が廃れたからでしょうか。もちろんここで言う道徳は、「国に忠、天皇に忠」の道徳を指すのではありません。共存の心のことです。この心が廃れたからこうなったのでしょうか。よく分かりませんが、馘首や贅肉落としは隣人愛の心、慈悲の心、布施の心の欠如の上に生じていることは明らかです。ジコチュウ丸出し。盛田命祺や溝口幹、盛田昭夫そして平岩外四の心からは想定できないものが生じています。

こうした事実は、盛田はもちろん、以前だったら誰もが異常と考えました。盛田は給料において労使に差のない日本的あり方を家族企業主義の誇るべき象徴のように言いましたが、こんなことは今となっては夢物語です。

しかし、盛田はこの「日本型経営が危ない」をこういうことを想定して書いたのではありません。また警告を発するために書いたのでもありません。企業における家族主義的経営は日本企業の伝統であって、この思想を企業哲学と概括しつつ、これこそが日本企業なのだと諸外国に了解を求めるために書いたのでした。しかし正義に反する競争主義は改めねばなりません。そこで六項目の反省点を明確にしたのでした。日本企業は皆さんの批判をしっかり受け止めてやっていきますので、技術で競争しながら、人々の生活向上と貧困克服と環境調和の場としての市場を、日米欧の企業の協力で発展させていきましょうと書いたのでした。しかしその日本企業の内部で家族主義が駆逐され、馘首が頻繁となっています。その結果、今やこれらの思想は、日本企業に対する警告の思想になっているのです。

盛田にエリート主義の考えは皆無と言ったら間違いです。盛田のこの論文や『MADE IN JAPAN』は経営者や政治家に向かって書かれています。『MADE IN JAPAN』は世界に向かって、「日本型経営が危ない」は日本に向かって。エリートはエリートとしての自覚を持つのでなければならない。こんな言葉が聞こえて来ます。エリートたちから共存の心が消え、彼らがジコチュウに走りだしたら、世界は暗いものになってしまう。盛田は自らの哲学の要請においてこう書いたのでした。しかるに今や、盛田の想定をはるかに超えた深部から、競争至上主義が生まれ、隣人愛の心や慈悲の心がないがしろにされ、日本では日本企業の伝統であった家族主義が駆逐されています。これらの論文や本が今や警告の書となっていると言うゆえんです。

補足

この非正規雇用を採用し馘首を自由に行って企業の安定を図るというやり方は、今日では新自由主義と呼ばれています。盛田は「新・自由経済への提言」を執筆していた時、すでにこの新自由主義の危険を予感していたのかもしれません。「新自由主義」とせずに、「新・自由経済」にしているからです。この論文を簡潔にまとめれば、高品質を生み出してきた日本の安定的労使関係を守りつつ、日米欧で共通ルールを確立して、世界がハーモナイゼーション（協調・調和）において、真実の自由経済体制をつくっていこうとなっています。モノづくりの原点を忘れず、マネー・ゲームの誘惑に負けないで。

盛田の戒名は「天涯」と言います。今盛田はどんな思いで天涯からこの地上を眺めているのでしょうか。地団駄を踏んで悔しがり、もう十年寿命を延ばして欲しかったと閻魔様に繰り言を言っているかもしれません。この家族主義駆逐の動きと闘うために。

しかし多分盛田は、これでいいのだと思っていると思います。一生懸命生き、その思想を、『MADE IN JAPAN』と「日本型経営が危ない」と「新・自由経済への提言」に残せたことに満足していると思います。思想は死にませんので。誰かがこの思想を受け継いでくれたら蘇生します。誰が受け継いでくれるのでしょうか。盛田は時々地上を見下ろしては楽しんでいるように思えます。私は盛田を楽しませる人間になりたいと思っています。どうか皆さんにもそうなって欲しいと思います。

私は盛田のエリート性について書きましたが、そもそも哲学はエリートのために書かれてきたことを、誤解のない形で、以下で説明しておこうと思います。哲学はエリートのためにあると書くに留めると誤解されそうですので。

しかし哲学がエリートのためにあるのはあたり前のことなのです。

共存の課題、隣人愛の実現は人類共通の願いです。これを解明するのが哲学です。しかしこれを実現するには、支配されている人や弱い立場の人たちの願いを聞き入れ、それを隣人愛の理念に則り、陶冶させる中で実現を図っていく以外に道はありません。ともに実現していく運動において実現していく以外に。この運動を推進するのがエリートの仕事なのです。弱い立場で苦しんでいる人たちに、君たちは努力しないからそうなったのだとお説教するのが哲学ではありません。

そして、この課題を中心的に担うのは誰かと言ったら、政治家や企業経営者、知識人や教育者、宗教者に決まっています。これらの人のことを普通にはエリートと言います。だから哲学はエリートのためにあるとなるのです。しかし一般の人には哲学は必要ないと言うのではありません。哲学はどの人も持つのでなければならないものですので。だからエリートは特に厳しく持てと言い直しておきます。

これらエリートがジコチュウに走り、勝手なことをしたり、無責任な行動を取り出したりしたら、隣人愛などどうでもよいものになってしまいます。私は、哲学は、エリートたちにとっては戒めの語としてあると考えていただきたく思っています。

イエスや仏陀、孔子やソクラテスは隣人愛や慈悲の心、恕や善の思想を説きましたが、言うまでもなくエリートたちにその必要性を説いたのでした。弱き貧しき人を放置しておいたら社会は非人間的な社会になってしまいます。ともに頑張って、みんなが人間らしく生きられる共存の社会をつくっていくのでないと。

ましてや、君たちが貧しいのは君たちが努力しないからで、自己責任だから仕方がないとは決して言いませんでした。今日の日本では盛んに言われていますが。

先に、隣人愛の理念に則ってと言いましたが、このことを紋切り型に言っておればよいと言うのではありません。絶えず深めていくのでなければなりません。ともに生きる道は煩悩丸出しでは実現できません。煩悩は生きる力ですのでこれを否定することはできませんが、陶冶させ理性的煩悩にすることが大切です。これにおいて共存は可能となります。つまり人間はこの隣人愛実現運動の中で、己の煩悩を陶冶させていくのでなければならないのです。

盛田の家族主義による企業哲学もこの運動の中で深められて来たのだと思います。みんなで幸せになる労使一体の家族主義を実践する中で。この盛田の企業哲学については、次の第5講でも考えることにします。

今年（２０１１）の三月、三陸沖で大地震が起き、大津波が発生しました。東日本大震災と命名されました。二万人を超える死者と行方不明者、そして広大な地域の原形を留めない災害に、息をのむ思いをしたのは誰もが同じと思います。謹んで哀悼の意を表します。

しかしここで問題にしたいのは、同時に起きた東京電力の福島原子力発電所での水素爆発を含む一連の事故に対する東京電力経営者たちの態度です。

報道によりますと、この巨大企業は、日本ばかりでなく国際的な企業から資材を購入していて、それを運転する専門作業員と、正規の東電社員の他に孫請け曽孫受けの作業員を擁する混成企業としてあるようです。だから東電経営者の態度を問題にするのは酷なことかもしれませんが、しかし東電経営者は当然のこととして、この巨大組織を統轄していなければならないのです。一切の責任は東電にあると言われても仕方のないことです。

この点から見ると、東電経営者の態度は責任感に欠けています。その時々の発言に、未曾有の大事故を引き起こしてしまったことに自己責任を問題にする発言は聞かれず、責任を他に転嫁する発言ばかりが目立つからです。

事故発生当時は、「想定外」の未曾有の大震災だったからどいうものでした。これは、本当に責任を持っている者の発言ではありません。認識の甘かったことを自己批判し、心底から被害者に対して謝罪するのでなければなりません。そして同時に、補償を含め原状回復に全身全霊でもって尽くすと言明するのでなければなりません。

原発は原子力の平和利用と言うと格好いいのですが、原発の使用済みの核燃料はそのまま核兵器になるのです。冷やし続け閉じ込め続けることができなければ、そのまま核兵器になる。こういう極めて危険な仕事をしているという自覚があったかどうか。多分理屈では分かっていたでしょうが、心からは分かっていなかったと思います。そうでなければ、謝罪の前に「想定外」などという無責任な言葉が吐けるわけがないからです。

東電経営者たちの発言を聞いていると、国策としてやられている原発を、俺たちはやってあげているんだという態度が見え見えです。普通なら、加害企業として、内部留保金の放出をはじめ、自らの高給を削減してでも補償をまず申し出るべきなのに、ぐずぐずして言わず、国家による補償を早く言えと言わんばかりの態度を取っています。

東電の清水前社長は事故当時、社長として中国旅行をしていて、多分原発の売り込みに行っていたのでしょうが、社員からの連絡に、事の重大さが理解できずに、原発を守るように指示したと言います。守れない原発を守れと言ったのです。その結果、水素爆発やメルトダウンが起き、放射能汚染を深刻なものにしてしまったのでした。今彼は社長を辞任し入院し、一切のことにタッチしていないそうですが、この態度はまさに、俺は国策を遂行しただけで、後処理は国がすべきで俺は知らんというばかりの体です。

私はここにもリーダーであるべき経営者たちの頽廃を見ます。私は先にリーダーの自覚の欠如現象を述べましたが、東電はその姿をさらけ出した感がします。他に責任を転嫁して、責任を負おうとしないのですから。

そして、これに伴ってなされた経団連や経済同友会の幹部たちの発言も深刻で、まさに貧困そのものでした。

放射能漏れは二〇二〇年の今も解決できないのですから、国民から、原発を止めて再点検をせよ、原発を廃炉にせよとの声が起きるのは当然ですが、この声に対して、電力不足が起きたり、電力が高騰したら、企業は安い電力を求めて海外に脱出することになりますが、それでいいですかと言っていました。反論のつもりで言ったのでしょうが、私は残念に思いました。なぜ、我々は積んでいる内部留保金を放出して一日も早い復興に協力する、ともに頑張ろうと言えないのでしょうか。

エリートの堕落、哲学の欠如、深刻です。

盛田の企業哲学を学ぶ意義は今日ますます大きくなっていると思います。ともに生きるという思想を持つということの意義です。ともに生きるという思想がどれだけ人々の生活を豊かにし、かつ企業を責任あるものにするか。

このことの意義について、更に深く次の第5講で考えることにします。

第5講　盛田の企業哲学―共存の道―

盛田は哲学者であっても哲学研究者ではないので、なぜ企業は共存の哲学を持たねばならないかの理由については書いていません。その哲学によって企業は栄え、ともに生きることの大切さが理解され、人々の生活を豊かにすることこそ企業の命と考えるようになったとは書いていますが。このなぜの問題に触れつつ、盛田の企業哲学の意義を考えていくことにします。

盛田は、なぜか家族主義に基づく経営システムを「企業哲学」と言っています。企業哲学の命名は元々は井深によるのですが、盛田はこの語がすきで、変えようとはせず、自分のものにしています。それにしても素晴らしい命名です。

実際、この語は言い得て妙と言いますか、私にはとても素晴らしく素敵に聞こえます。私は哲学学習のスローガンの第一に、「哲学とは理性の心、そは隣人愛の実践」を掲げ、哲学学習の目的は隣人愛の精神を深め実践していくことだとしています。なぜこう言うのかと言えば、人間は共存の心を持たない限り人間的に生きることができないからで、哲学はこの人間の生き方を追究する学問だからと答えます。

それゆえ私は、哲学とは隣人愛を深め実現していくことを課題とする学問と考えています。哲学がなければ、人間は人間的に生きることはできません。

この目で盛田の企業哲学を見ると、企業は隣人愛を深め実現していく場になるのでなければならないとされています。盛田はこう考えて企業哲学と命名したのではないかもしれませんが、しかし盛田が実際に推進した企業経営は、今まで私が述べてきたものを読めば、企業を隣人愛を深め実現していく場にする経営であったことは明らかです。これが、私が盛田の企業哲学を素晴らしく素敵に思う根本理由です。

隣人愛というのは共存の心です。慈悲の心であり、布施の心です。盛田は欧米の批判に応え、また命祺や幹から学ぶ中で、この共存の心を企業内はもちろん、世界の市場において実現していこうと言うまでになりました。企業哲学の一層の解明を図っていたことが分かります。

しかし共存の要の家族主義は、企業は協力関係にありますので、企業内では大きな力を発揮しても、企業外では、企業同士は競争関係にありますので、家族主義は徹底できません。盛田はこのために、企業外の場面では、家族主義なる語は使用しなくなります。それに代わって、共存だとか共存の場の語でもって、市場を大切に支えるようにしようと言うようになります。

企業外の関係では、家族主義は貫徹できないとなれば、盛田の企業哲学はダブルスタンダードのように聞こえます。しかし盛田自身は企業の内と外で異なったことを言っているのではありません。ともに共存の心を大切にしようと言っているのですから。盛田の企業哲学は、内においては家族主義で共存しよう、外においては、政財界人会議等での確約によるフェアな競争で、市場を支え共存しようと言っているのです。

この盛田の企業哲学を、盛田的言い方でなく、久田的言い方で、すっきりした形で表現すれば、盛田の企業論は、「企業は純粋に隣人愛の哲学を持つのでなければならない」となります。ダブルスタンダードでないか云々の誤解は解消します。

自画自賛的な響きがありますが、決して自画自賛ではありません。企業は儲ければよいというものではありません。企業にとって儲けは大切ですが、同時に隣人愛を実現していく場であることを忘れてはいけません。儲け主義に走れば破滅の道を進むことになります。隣人愛で協力し合う関係をつくらない限り、人間生活は豊かにはなれません。暗いものになります。

以上が盛田の企業哲学です。汲めども尽きないものがあります。ここにこそ、盛田の企業哲学を大切にしなければならない理由があります。企業を隣人愛の場にし、社会を人間的にしよう。この精神のうちに。

しかしそんなことを言っていても仕方がないではないか。企業にその気がなければ。何の意味もないと言われるかもしれません。

全くその通りなのかも。猫に鈴をつけるのは猫でなければならないのですから。としたらこの道はどうしたら開けるのでしょうか。彼らがそうだと納得してくれ、自分で鈴をつける気になってくれたら道は開けるのです。

私は哲学者を自認しています。哲学者は道を説きますが、実践を迫ったり強制したりはしません。猫に鈴をつけるのは猫だということを知っていますので。

哲学の本道は、彼らが、つまり人々がその通りだと思い実践していただけるように、哲学の道、共存の道を磨いていくしかありません。

盛田の開いた企業哲学は哲学として、企業の進むべき道を煌々と照らしています。玩味して深めていくことがこれからの課題であると言っておきます。願望の意を込めて。


さて、第一部の最後として、教育の問題を補足しておきます。しかし鈴渓義塾での教育ではありません。鈴渓義塾の教育については、先の『村民とともに生きた盛田命祺と溝口幹』の「溝口幹」の章で述べておきました。しかし根っ子の所では関係しますので、少し触れることになります。

ここで述べようと思うことは、企業家たちが脅しとして言っているのかどうかは知りませんが、事ある度に言う企業の国内脱出問題と関係する教育論についてです。彼らは教育をどう考えているのでしょうか。

彼らの言い分は、条件の悪い日本に我慢して留まる必要はないと言うものです。つまり海外移転もやむなし。

しかしその結果、教育はどうなると言うのでしょうか。教育など考えなくてもよいと言うのでしょうか。しかし、彼らの企業もその教育において成り立っていることは明らかです。

人材は教育において人材となるのですから。

そして教育は、水や空気のように無限に無料で存在しているのでもありません。教育は彼ら企業家を含め国民が支えてきたからこそ存在しているのです。人々や企業から支えられなくなれば教育は衰退します。教育が衰退すれば人材の供給はままならないものとなります。とすれば彼ら企業も衰退することになります。としたら企業はどうすべきでしょうか。企業は日本に留まり、共存の心を持って、教育や国を支えるのでなければならないとなりませんか。私はこのことを心から言いたいのです。

もしかしたら、外国に出ていって、外国人を雇えばいいと思っているかもしれません。しかし、祖国を持たない根なし草となった企業に、海外の人材が、その企業に心を寄せ、奉仕の心で勤務してくれるという保証は全くありません。その企業はやがて潰れてしまうかもしれませんし、その地のものにされてしまうかもしれませんし、乗っ取られたりするかもしれません。人材がその地の人に占められるようになれば、こうなって何の不思議もないからです。

私は偏狭なナショナリズムを説くつもりはありません。国のリーダーであるべき企業が見識もなく（正しくは共存の哲学を持たずに）、ジコチュウをやっておれば、こうなる危険性は高いと言っているのです。

盛田の企業哲学には教育のことは書かれていませんでした。盛田は企業内での共存、企業外での共存を説いただけでした。理由は、盛田存命の頃はまだこういう根なし草的発想は生じていなかったからです。しかし鈴渓義塾の伝統を受け継ぐ盛田です。人材はどういう教育の中で育つか。命祺や幹は村民教育に全身全霊を捧げました。その結果素晴らしい人材を生み出しました。以上、私が書いたことは「当然です」と言って理解を示してくれると思っています。

繰り返しますが、この盛田の企業哲学を国レベルに置換して言えば、国内での共存、国外での共存となります。盛田は、企業内（国内）を共存の深い絆で結びつつ、企業外（国外）では、日米欧の政財界人会議などでフェアな競争を実現し、共存の心で豊かな世界を築いていこうと言っています。

哲学が説く共存は義務としての共存ではありません。人々の必要から出て来る目的としての共存です。これが理解できる企業家の出現を願って、盛田は鈴渓資料館をつくったのだと思います。哲学教育の場として。共存の思想は教育の中で豊かに発展させられるのでなければなりません。そしてこの教育こそが、企業を豊かに発展させる土台になるのです。

教育は国家の土台になりますが、企業の土台にもなるのです。

企業家たちは哲学を持つのでなければなりません。いい人材を奪い合うのでなく、いい人材を育てるのでなければなりません。ジコチュウ丸出しではそれはできません。経団連や経済同友会などが音頭をとって、ジコチュウを戒めることが大切です。本当は政治家たちがもっと勉強すべきと言うべきでしょうか。ジコチュウ丸出しをしている企業家の要求に犬馬の労を取ったり、汲々としていてはいけません。こうであっては暗い世界へのスパイラルは避けられません。

私は先ほど教育は国家や企業の土台となると言いました。最後に、なぜそうなるかの理由を哲学的に述べておきます。

一口に教育と言っても多様です。資格試験合格や就職のための職業教育や技術教育もありますし、大学等への受験教育もあります。教養のための普通教育もあります。私がここで言いたいのはこの普通教育のことです。職業教育や技術教育、受験教育はこの普通教育の上に開花するものです。今日の日本の教育制度で言えば、普通教育は幼稚園から高校までの教育です。

この教育がどれほど太く大切に行われるかによって、国民の国に対するアイデンティティは変わってくると思います。今日のように、教育を青田刈りの場、人材獲得の場と考える思想の下では、アイデンティティは正常なものにはならないと思います。

教育が人格の陶冶（完成）を目指して、普通教育がしっかりなされてはじめて、正常なアイデンティティは育ちます。共存の思想として。基礎学力が保障される教育、お互いが人格として尊重しあえる教育、これが普通教育です。そしてなろうと思うものになれる教育です。これが普通教育です。

私はインド旅行で乞食になる教育を見てきました。本当はこれを教育と言っては語弊があると思いますが。インドでは貧困層は乞食をしない限り生きていけません。指導者が乞食の倫理を街頭で教えていました。かっぱらうようなことはするな。差し伸べられたもののみを受け取れ。この教育のおかげで、インドでは、乞食に危険を感じることはありませんでした。

しかしこれは教育とは言えないと思います。乞食になるしか道はないのですから。彼らの目標は乞食の頭領になることでしょうか。貰いを多くするにはどうしたらいいかを考えることが彼らの学問となるのでしょうか。

私は先に、なろうと思うものになれる教育こそ大切と言いましたが、こういうものになろう、ああいうものになって社会に役立つ人間になりたいという希望は、この普通教育からしか生まれてきません。何にでもなれるということが大切です。共存を大切に思い、人格を大切に思う人は政治家や教師に、人類の課題に目覚めた人は研究者に、スポーツで人々に喜びをと思う人はスポーツ関係の仕事に、進取の気性に富んだ人は企業家に、特別な思いを持たない人は社会を支える健全な労働者になっていきます。希望を持って学ぶことのできる教育、これが大切です。

先の青田刈りの教育、つまり人材獲得の場としての教育について言えば、乞食教育とは違った形ですが、同じ問題点が出てきます。採用されることが最大の目標になりますので。いい点を取る順位争いが生じ、なりたいものになることが疎かにされるからです。

この上で採用差し控えがなされると、現実になされていますが、つまり「卒業が無職」という状況の教育です。こうなりますと、先が全く見えない事態に陥ってしまいます。そのため、今日は教育が希望の世界でなく苦の世界になっていると言っても過言でない状況にあります。

企業は哲学を持たなければならないと言いましたが、その典型を示したのが鈴渓義塾だと思います。鈴渓義塾をつくったのは盛田命祺ですが、彼はお金は出しても口は出さなかった。少なくとも我が社に役立つ人材を育てよなどという私物化はしなかった。教育は人格陶冶の普通教育でなければならず、なりたいものになれる教育を鈴渓義塾は推進したのでした。

校長の溝口幹が言っています。「我が校より出でて今日既に立派なる位置にあられる方々は、みなその人々の器量にして、私の決して与えたる所ではありません」と。これが普通教育です。鈴渓義塾で学び世の指導者になった人は多くいます。そしてこの人たちを幹が育んだのですが、幹のこの言からすると、私の教育は、基礎を据え手を取って上げただけであって、みなさんを今日の地位にしたのは、自らの器量を磨いたみなさんの努力であって、私の力ではありませんとなりましょう。

幹はいたって謙虚に、みなさんの器量であってと言いますが、これこそが本当の教育（普通教育）なのです。器量を磨いていけるようにしてあげるのが本当の教育。なりたいものになれる教育。この幹の鈴渓義塾の教育こそ、私は本当の教育と思います。

この鈴渓義塾を育てたのが盛田酒造の盛田命祺です。企業が、つまりお金持ちやリーダーたちが何をすべきかは明らかになったと思います。普通教育を、先頭に立ってお金の出し惜しみをせずに進めること、これです。豊かな人材を育て、その人材を採用して企業を発展させていく。企業はこの共存の哲学を忘れてはいけないと思います。

今日はグローバルで、難しい時代だと言われています。しかし、なりたいものになれる教育はこの時代の課題に立ち向かえる人材の育成にもなるのです。この時代をどう生き、どう自分を社会に役立てていくか。こういう人材が国に溢れたとき、困難は希望に変わります。
盛田の企業哲学は、この教育の点でも企業を責任あるものにしていくはずです。

おわりに

私は今とても満足しています。盛田昭夫の思想を、「企業哲学」という彼のキーワードを使って、鈴渓義塾の盛田命祺や溝口幹の思想の上に開花したものとして解明することができたと確信するからです。そしてその上に立って、グローバル世界にあるべき資本主義は市場を儲けの場にするのでなく、共存の場にすることによって開かれるとする、盛田の思想を解明することもできたからです。

私は最近も鈴渓資料館に行き、しばし瞑想をしてきたのですが、右の結論に間違いはないと確信しました。そのことを以下に書いて、「おわりに」とします。本文と少しダブりますが。

鈴渓資料館の中央広間の南の壁には、貴族院議員徳川義親が贈った題額の文字「厚徳廣恵」が、北の壁には、愛知県令国貞廉平の扁額の文字「敬業堂」が掲げられています。これらの文字は、盛田命祺翁を讃えて贈られたものです。そしてこういう形の資料館をつくったのが盛田昭夫なのです。

私は、盛田は命祺翁の真実の思想を伝えるには「厚德廣惠」と「敬業堂」しかないと思ったからこうしたのだと思います。そしてこうする前提として、盛田の命祺翁への敬服と命祺翁からの思想受容があるのは当然でしょう。

私は本文で、盛田が書いた『盛田家文書目録 上』の序文、「国際協調を積極的に推進する必要に迫られている「今日」……過去の歴史社会を適確に認識することは……極めて重要である」と、「徳川時代の社会経済文化を創りあげた国民の能力と資質」を何度も紹介しましたが、これらの文言は翁への敬服と翁からの思想受容においてのものであることは間違いないと思います。

私は盛田の企業哲学の真実の開花は、この命祺翁との真実の出会いにおいて始まったと思っています。

みなさんにも、鈴渓資料館の中央広間での「瞑想」をお勧めします。

第二部

平岩外四の共生の理念による経営論

―会社経営に共生の理念を導入―

はじめに

平岩外四を語る時、昨年（２０１１）三月に発生した東京電力福島原子力発電所の事故（原発事故）を度外視することはできません。平岩は会長であった木川田一隆とともに、原発の東電への導入で重要な役割を担った人物ですので。

歴史的なことを言えば、福島原発（一号機）は一九六七年九月に工事着工、一九七一年三月に営業開始です。その時の平岩は着工当初は総務部長、営業（発電）開始当時は常務であったから責任は軽いと言えるかもしれません。しかし平岩は木川田の秘蔵っ子で、木川田の後継者として社長、会長と歴任していきます。その間に原発を不動の電源体として確立していきます。軽いどころか中核を担ったと言うべきです。第３講以降で紹介しますが、平岩の発言を聞くと、一心同体のように聞こえます。

ところが、直近の週刊誌によれば、「木川田精神を失った東電の変質」という論文において、一心同体でなかったことが書かれています。その週刊誌のリード文は以下の通り。

〈中興の祖〉が怒り、泣いている。かつて東京電力には〈企業の社会的責任〉を先駆的に掲げた木川田一隆が経営する時代があった。しかし木川田の後継者となった平岩外四から早くも変質の歩みを始めてしまった東電。原発に対して〈安全第一〉を掲げた木川田は現状を知ったら何と言うだろうか。

補足

私のこの論考は、二〇一二年の市民大学での講義要綱として執筆したものです。したがってここで引用した週刊誌の記事は原発事故直近のものです。多分、この週刊誌の記者は、東電の無責任な態度に腹を立て、この無責任は平岩外四から始まるとしたのだと思います。しかし今はどう思っているのでしょうか。冷静に考えればこんな結論にはなりようがありません。平岩は私が以下に示す通りの平岩ですので。この記者も、どこかで訂正していると思います。そこで私は、この本においては、週刊誌の名称も記者の名前も発行日も曖昧にしておくべしと考え、右のような引用にした次第です。記者名は週刊誌記者とします。

私は東電全体、原発全体を論じる力はないので、右のように言われると、ああそうですかと言わざるを得ません。しかしやはり違うと思うのです。

二〇一二年七月五日に、東京電力福島第一原発の事故を検証する国会の事故調査委員会による報告書（国会事故調）が出ましたが、原発事故は想定外の津波によって引き起こされたのではなく、最大の責任は経営者でありながら自律性と責任感の乏しい清水正孝社長（事故発生当時）を頭に持った東電にあって、東電は企業者として当然持つべき責任を持たず、その「責任を役所に転嫁する黒幕のような経営を続けてきた」ことによるとされました。端的に言えば、国を取り込み「ブレーキなき企業」へと進んだ結果と断じました。

つまり、企業責任の転嫁と放棄。国会事故調は原発事故の原因は東電のこの無責任にあったと断言したのでした。

では先の週刊誌記者は、平岩との差別において木川田をどう紹介するのでしょうか。

木川田は、国家を電力に介入させず、電力の自立のために国家と戦いつつ、企業の責任において原発の導入に踏み切ったと言います。悪魔のような代物の原子力を導入するからには安全第一を旨とし、原子力に向けられている国民の批判・非難・反対に対しては、道徳心において対応するという精神において導入したと言います。

ここまでは週刊誌記者の紹介は立派です。この木川田紹介までは。企業責任を明確にし、国会事故調と同じ立場に立つ木川田を紹介しているからです。

木川田は国から電力需要の点から、原発による電力増強の要請を受けたのだと思います。しかし、電力の需要には電力会社としての責任において応えるとして、国家の介入を排除し、また原発に対する国民の批判・心配に対しては、道徳心において対応していくという精神を示します。国民から信頼される原発を目指すために。

週刊誌記者の意を汲んで、最大限に意味を拡大して考えれば、以上のようになります。

ところが、週刊誌記者は突然に次のように言い出します。

東電の変質は、平岩が勲章を受章し、利益団体の経団連会長に就任したことから始まったと。国との緊張関係をやめ、国と一体となる道を進むことになったからと。

常滑派の私には、こんな軽率な理論でもって、平岩を東電の企業没責任論の先駆者に仕立て上げる論を容認するわけにはいきません。私は常滑出身で、平岩も常滑出身、平岩の生家の平岩商店は今も常滑市にあります。

どこに軽率を感じるかと言うと、勲章の受章と経団連会長への就任が「反省のブレーキなき企業」への転落の理由とは思えないからです。「反省のブレーキなき企業」への転落を言うなら、それを示す根拠を示すべきですが、その提示はありません。また、平岩の思想の中に転落の思想が準備されていたと言うのなら、それを示すべきですが、それもありません。

こういうことですので、私は週刊誌記者の論に賛成することはできません。そればかりか、転落しない者を転落者と決めつければ、実際に「反省のブレーキなき企業」へと転落させた者を免罪することになります。企業責任の転嫁と放棄がなぜ起きたかの解明は、日本企業にとって避けては通れない問題です。鈴渓義塾の流れを汲む盛田昭夫の企業哲学と木川田・平岩の企業の社会的責任論は、世界に誇っていい日本企業論です。その平岩をこんな軽率な論で傷つけていいわけがありません。

因みに、平岩は直接的には鈴渓義塾とは関係がないですが、その土壌で育ったと考えられます。生家の平岩商店と鈴渓義塾のあった盛田酒造は、自動車で十分、自転車で一時間の距離にあります。先輩たちの多くは鈴渓義塾に通っていました。

さて、国会事故調が解明した東電による企業責任の転嫁と放棄が原因という結論は重いと思います。日本企業はこんなに無反省ではありませんでした。しかし先にも述べましたが、私には東電全体や原発全体を論じる力はありません。せいぜいできるのは、知多の有力な哲学者の一人、平岩外四がその転落への道に先鞭をつけたかどうかを見極めることしかできません。これについては第5講で詳しく検討します。結論を先に言えば、転落に該当しないと言っておきます。

略歴を見ることにしましょう。

第1講　略歴とエピソード

一九一四年（大正3）常滑市に誕生
　？　旧制愛知七中に入学。母から夏目漱石全集を贈られる
　？　旧制第八高等学校（現名古屋大学）に入学
　？　東京帝国大学法学部に入学
一九三九年（昭和14）三月同学卒業。四月東京電灯社（現東京電力）に入社
一九四一年（昭和16）陸軍に応召され、満州の牡丹江の独立高射砲隊に配属される
一九四三年（昭和18）南方（ニューギニア）戦線に投入される。ジャングルを敗走。百十七名の部隊中生還者は七名。その後捕虜生活
一九四六年（昭和21）復員。関東配電（現東京電力）に復帰

一九五五年（昭和30）総務課長に昇進。木川田一隆氏より指導を受ける。同氏の秘書に。
一九六四年（昭和39）総務部長に昇進。一九六八年（昭和43）取締役総部長に昇進。一九七四年（昭和49）副社長に昇進
一九七六年（昭和51）東京電力社長に就任（～1984）
一九七八年（昭和53）日本経団連副会長に就任（～1990）
一九八四年（昭和59）東京電力社長を退任。同社会長に就任（～1994）
一九九〇年（平成2）日本経団連第七代会長に就任（～1994）
一九九三年（平成5）「企業行動憲章」をつくり、政官財の癒着構造を断ち切るために、経団連による自民党への政治献金の斡旋をやめる
一九九四年（平成6）東電会長を退任。同社相談役に就任（～2007）日本経団連の会長を退任。他の一般役員につく
二〇〇六年（平成8）勲一等桐花大綬章受章
二〇〇七年（平成9）逝去
他に、一九八七年（昭和62）に、英国より大英帝国勲章受章、一九九七年（平成9）に仏国よりレジオンドヌール勲章受章。

以上の略歴は、インターネット等に書かれているものを拾い集めて私が構成したものです。しかしこれだけでは平岩の人柄については伝わりません。書物や伝聞で知り得た情報を、エピソード風に伝えることにします。

『人間平岩外四の魅力』（大野誠治、中経出版、1994）

・住友金属の土方さんと私は同年だけれど、私の方が学年は二年後輩である。理由は、土方さんは愛知一中を四年で終了して八高に入ったが、私は愛知七中を五年で終了して、その上に一浪して八高に入ったからである。

本によっては、旧制中学・八高・東大法学部へは、平岩はストレートで進んだと書いてあるものもありますが、それは間違いのようです。本人が右のように語っているのですから。

・「外四」命名の由来について。唐の太宗が治道の要諦を語った『貞観政要』と関係があるかどうか。

『貞観政要』には次のことばが出て来る。

昔、堯舜は四門を開き、四目を明らかにして四聴を達す。兼聴して下を納れなば、貴臣も壅蔽するを得ずして、下情は必ず上に通ずるを得るなり。

堯舜は下からの意見を大切にして耳を傾けたので、中間管理職も聞かざるを得なくなって、下からの意見がよく反映されるようになった。

筆者の大野が、「外四」の名はこの『貞観政要』の故事に由来するのかと問うた時、平岩は、父は漢文の素養はあったけれど、そうではないと思うと応えたと言う。多分これ以上子どもはいらないという意味で、外四とつけたのだろうと。

この時代は確かに、もう子どもはいらないという意味で、捨男とか余所次、末子とかしまゑと名づけられていた子が多くいました。だから、平岩の言は正しいでしょう。

しかしそれはそうだけれど、平岩自身は、後に詳しく述べますが、この堯舜のように下からの意見を聞くということを大切にして、「組織の活性化は下の者が活性化することにある」としていたのですから、私は嘘でもいいから、「実はそうなんだ」と言って欲しかった。堯舜は下からの意見を聞くため外に向かって四門を開いていたのですから。外四の名は『貞観政要』の思想にぴったりです。

『聞き書き　静かなタフネス10の人生』（城山三郎、文藝春秋社、1986）

私は常滑市の瀬木（現本町）で生まれた。六歳の時父を胃癌で失い、五人兄弟が母の女手一つで育てられた。先妻の子二人と自分の子三人の五人を育ててくれた。その母は昭和五十九年九月二十二日に九十二歳九ヶ月で亡くなった。母は武家の出。毛糸や羊毛の投機をやり、為替相場にも大変な関心を持っていた。子どもの進学にともなう学費については、母は何も心配することなく自由に行かせてくれた。商売上手で儲けていたからであろう。商業学校に行けとも言われなかったし、銀行員になれとも言われなかった。

女手一つで育てられたと聞くと、一般的には、貧しい生活を強いられてきたように考えられがちですが、知的で甲斐性のよい母親の下で、平岩はすくすくと育ってきたことが分かります。愛知七中（半田中学）への進学など、その当時の母子家庭において、将来を見通す見識がなかったら、つまり学の大切さが理解できなかったら、進めることはなかったでしょう。ましてや親族の反対を押し切ってまでして。そしてこの母親は平岩が半田中学に入学した際に、入学祝いに夏目漱石全集を贈ったと言います。何とも奥深い知性を感じさせる女性です。平岩研究には、この母親像の研究なしには深いものにはならないような気がします。武家の出だとか。どんな素養を身につけていたのでしょうか。

『指導力の構造―経営トップ7人の知恵』の著者山田光行は、平岩の逆境での強さは、女手一つで五人の男子を育てた気丈な母によるであろうと言います。なぜなら経営は管理能力なしにはやれないが、しかも逆境の中では特に平岩の管理能力はすぐれていて、これは「母親譲り」のように見えるからと言っています。

最後に、**平岩の生家平岩商店の当主、平岩民雄さん（平岩の甥っ子）の言**を伝えます。

武士の家系は平岩家であって、母親が武家の出であったかどうかは分からないと言います。因みに平岩家は過去帳によって、江戸時代の初めの頃まで遡れるとのこと。菩提寺は名古屋にあって、明治維新以降常滑に来て、商店を開き菩提寺も常滑に移したと言います。多分、廃藩置県に伴う秩禄処分（俸禄の廃止）と職業選択の自由によって、この常滑の地に移り住むことになったのでしょうと。

平岩の母親が才覚と進取の気性の持ち主であったことは確かなようです。事実が証明していますので。ただこれにプラス、母親は後妻であったので、先妻の子に平岩商店を継がせ、自分の子は外に出す、つまり自立させるという思いがあって、学への思いは強かったのだと思います。しかし先妻の子を大切にする点でもこの母親はよくできた方だと思います。その恩恵を受けてきた私は幸せです。

第2講　松本明男が伝える平岩外四

インターネット上に、「財界の良心・平岩外四さん」というタイトルで、松本明男の文が載っていました。この文には、平岩の思想を理解する上で欠くことのできない経営思想や安岡正篤との出会いが書かれていないので、その点は残念ですが、平岩の全体像を理解する上では大変よくできた文なので、全文を紹介しようと思います。必要に応じて補足を添えましたが、この補足は久田のものです。

因みに、松本の肩書は日刊工業新聞で編集委員、論説委員を歴任。二〇〇七年八月に執筆。

〈財界の良心・平岩外四さん〉

日本財界の良心として輝いていた平岩外四さんが五月二十二日（2007年）心不全でなくなった。一九一四年（大正3）八月、愛知県常滑市に生れたので、九十二・九歳の生涯だった。

東京電力の社長、会長を務め、第七代経団連会長として、東西冷戦の終焉、バブル経済の崩壊と大デフレ、政治の五十五年体制の崩壊と自民党の下野など天下大乱の渦中にあった激動の財界を束ね､「高い志と共生の理念」をキーワードに強いリーダーシップを発揮した。

補足1

大野誠治（『人間平岩外四の魅力』）によれば、平岩は、チャンドラーの「タフでなければ生きていけない。しかし優しくなければ生きていく資格がない」の語を座右の銘にしていたと言います（この語の意味については次の補足2で詳しく触れる）。こういうことだから、共生の必要を平岩はずっと以前から持っていたことが分かります。優しくは当然人に対してだからです。しかし平岩が、共生とか理念とかを言葉に出して語り出すのは、日本の集中豪雨的輸出が欧米の諸国から批判させるようになってからです。平岩は以下のような語を残しています。（『平岩外四　対話と交流』からも補足）

・今日は国際秩序模索の時代、地球規模での協力が求められている時代である。利益中心の経営から、弱者とともに歩む企業、世界とともに歩む企業を目指すのでなければならない。「志」と「心」が問われている。（１９９０年）

・二十一世紀は先進国が協調しあって生きていく時代である。行政指導や官民一体の防御システムで日本だけを考えていてはいけない。異文化を認め共存する時代である。（1992年）

・共生は単なる政策から理念になった。地球・市場・人間を結ぶ理念として共生が問題にされるようになった。冷戦構造のイデオロギーが意味を持たなくなった今日、共生こそが人類の理念となった。市場での競争の前提として共生があることを忘れてはいけない。（1992年）

以上の平岩の共生（共存）思想は、普通に考えられるよりもっと深い所から出てきているように私には思えます。たまたま日本が諸外国から集中豪雨的輸出という批判を受けたから、そこで考えるようになったというだけでなく。「共生が理念となった」と解する平岩の理解は深いと思います。開花を待っていて開花したように私には思えます。戦後当初の東電の電産争議については、後の補足4でも書きますが、平岩は、労働争議は人間同士のぶつかり合いだから、労務屋を使ったりしては解決しないと考え、お互いの信頼関係でぶつかり合って合意に達する以外にないと考え努力したと言います。解決の思想は、国民の電気を守る中で生活をともに良くしていこうというものだったと。私はこの態度のうちに平岩の共生思想の原点を見る思いがします。

平岩の盛田昭夫の『MADE IN JAPAN』との出会いについて

集中豪雨的輸出との諸外国からの批判に対する日本企業の対応問題では、平岩は盛田との出会いで大いに刺激を受け、学び、自らの思想に取り入れたと思います。共存思想の土台を身につけていたことは事実ですが。世界とともに歩む企業という思想、競争に勝てばよいという思想の自己批判は盛田から学んだのだと思います。経団連等での会議において。この間に、盛田は『MADE IN JAPAN』以降、「日本型経営が危ない」へと思想を発展させていきます。平岩と盛田の二人三脚は一九八六年から一九九二年。盛田が経団連副会長に就任し、ともに経団連副会長であった時代から、平岩が経団連会長に就任し、盛田が同副会長退任する時まで。そして盛田は一九九三年に脳梗塞に倒れ、思考機能を喪失してしまいます。平岩は盛田から学べなくなります。残念ながら。

とくに一九九三年（平成5）九月には、政官財の三極の癒着構造を断ち切るために、戦後三十八年間続いた自民党への政治献金の斡旋を廃止する大きな決断をしたことは特筆される。財界担当が長かった私は、戦後の経済・産業史を彩った数多くの財界人や名経営者と接し、取材を重ね、語り合う機会に恵まれたが、中でも深く広い教養を身につけた平岩さんは、〈最高の知性〉を備えた大事な存在であり、稀少価値の人であった。

補足2

私が平岩に感じる〈最高の知性〉は、以下の通りです。

平岩はハードボイルド作家のリチャード・チャンドラーの言、「タフでなければ生きていけない。しかし優しくなければ生きていく資格がない」（『マーロー探偵』）を座右の銘にしていました。解説すれば、経営者にはタフな仕事が強いられます。企業は負けてはいられませんので。しかしその競争に勝てばよいというものでもありません。企業は社会にあって、社会とともに社会を発展させるものとして優しくあるべきだからです。平岩はその実践においてしばしば、「経営は人間学を深める方向でなされるべきだ」し、「企業は道徳的でなければならない」と語っていますが、私には、この平岩の語は商人道徳を説いた石田梅岩の語に共鳴します。「商いは売利を目的とするが、そこには仁の思想がなくてはならない。仁なければ商いそれ自身が駄目になるので。物と物を交換して人々に役立つのが商いということを忘れてはならない」と梅岩は語ります。平岩に最高の知性、共存の思想があるのは明らかです。

私が平岩さんと初めてお会いしたのは一九七四年（昭和49）、東京電力の副社長に昇進された頃である。平岩さんが「私にとって経営でも人生でも終生の師」と仰いでいた木川田一隆会長（経済同友会代表幹事）から、「将来の東京電力を背負っていく男」と紹介された。以降三十三年もの間、親しくお付き合いをさせていただいた。

最後にお会いしたのは昨秋（２００６年）。「この歳になると一日一日が大事。この国の行く末をゆっくり見ていきたい」と話されていたのが思い起こされる。この三月二十七日にも桐花大綬章受章のお祝いを口実に、一夜ゆっくり話し合いましょうとのお約束をいただいていたが、直前になって、体調不良で欠席との連絡。主賓を欠く会合となったことがかえすがえすも残念でならない。

平岩さんの人間的魅力は経済や経営の領域を超えた大見識者であったこと。学生時代から晩年まで、論語や韓非子、ギボンの『ローマ帝国衰亡史』など、東西の名著や哲学から文芸作品、少年ジャンプ、戯画まで万巻の書を読破した無類の読書家であり、その教養力と知性の高さは並々ならぬものがある。

大田区の東雪谷の自宅地下室の蔵書数は三万冊を超え、図書館並み。晩年になっても毎月五十〜六十冊の新刊書を購入したので、二階の予備室や寝室も満杯になっていた。

ビッグビジネスのトップを務め、日本財界の頂点に立った平岩さんの人生は順風満帆のように見えるが、その前半生は波瀾に富んだもの。六歳の時、町（常滑町・現常滑市）の収入役をしていた父慈平を亡くした平岩さんら五人の兄弟は、生計のために文具、雑貨商を始めた母ていの女手一つで育てられた。

地元の愛知県立半田高校（当時は愛知七中）を卒業した際には、親戚から家計を考え働けと進学を反対されたが、教育熱心な母の勧めで、名古屋の旧制第八高等学校に進み、寮生活を送り、一九三九年（昭和14）には東京帝国大学法学部を卒業し、東京電灯（現東京電力）に入社する。「役人より給与が高く、家に仕送りができる」からが理由だった。

補足3

平岩によれば、母の「生計のための文具・雑貨商」は、店頭に商品を陳列販売するというだけでなく、毛糸を仕入れ、それを編子さんたちに編んでもらって売るという具合であったと言います。更に羊毛の投機までしていて、相場にも大変な関心を持っていたということですので、単なる商い人ということでなく、企業人として活躍していたことが分かります。女手という語が持つ暗いイメージなどさらさらなく、進取の気性に富んでいたことが分かります（城山三郎『聞き書き　静かなタフネス10の人生』・山田光行『指導力の構造―経営トップ7人の知恵』より）。

しかし翌年、陸軍二等兵として召集令状を受け、酷寒の満州から絶望的な南方戦線へと転戦させられる。ニューギニアの密林では生死の境をさまよい、百十七人の中隊のうち生還者はわずか七人。この悲惨な戦争体験がその後の平岩さんの人生観と徹底した反戦平和主義の考えの原点となっていた。

補足4

反戦平和の平岩の思想については補足5で詳述します。この補足4では、ニューギニアでの戦争体験について記しておきます。

◎城山三郎が伝えるニューギニアでの平岩の戦争体験（『聞き書き　静かなタフネス10の人生』）

ラバウル戦線での全滅同然の経験が私の人生の土台となっている。運がよかったので生還できたのであるが、しかしそれだけではなかった。食べてはいけない木の実は食べなかったし、生水は飲まなかったし、防空壕に入るのを疎かにしなかったことが生還を可能にしたと思う。厳しい環境の中での生き方を学んだ。どうにもできない運命はあるけれど、生きようとする気力を持つと同時に、病気になる原因をつくらないということが大切ということを知った。異常の中での不注意は即刻死につながる。異常の中でも醒めていることの大切さを学んだ。戦後の電産争議は大変だったけれど殺し殺される地獄の戦場ではない。ニューギニアの体験が、労働争議には十分耐えられると私に思わせた。

◎大野誠治が伝えるニューギニアでの平岩の戦争体験（『人間平岩外四の魅力』）

人間の努力も自然の摂理からはみだすことはできない。米軍の弾でなくマラリアと栄養失調で死んでいったのがニューギニア戦線だった。自然の摂理を人間は超えることはできないが、その中にあっても、虚無的にならず、生き抜く気力を持ち続けることができるかどうかが生死を分けることを知った。困難に耐え、脱出の道を見いだす英知を養うことの大切さを教えられた。

◎平岩外四が語るニューギニア戦線の最高司令官今村大将のこと（『企業人の読書日記』）

『私記・一軍人六十年の哀感』『責任／ラバウルの将軍今村均』『今村均氏の軍人生活』を読んでの平岩の感想。この今村均は平岩が属していた南太平洋軍の最高司令官であった。つまり平岩の上司の人。

弱き者の悲しみに心を痛め思い悩む徳将、仁将、聖将と書かれている今村大将に、私は教養人、文人の資質を感じる。事に臨む時、大将として周到な準備をし、最悪の状況を想定して作戦を立てたのみならず、弱者の立場を忘れず発想したと言う。私もこうあろうと思う。

人間は欲しなくても限界状況に立たされることはあります。戦争などはその最たるものです。その「異常」の中でも「虚無」的にならず生き抜く心の大切さ。この心こそ人類の危機を救うことになるでしょう。大切にしなければと私（久田）も思います。

ある時、太平洋戦争の責任について話すことがあったが、「負けると分かっている戦争をどんどん拡大し、多くの人に多大な犠牲と苦痛を与えた十五年戦争は、歴史的に大きな過ちであった」、「欧米の植民地支配からアジアの人々を解放した正義の戦さだとの見方は納得できない」と、きっぱりと言い切られたのが印象的であった。

小泉純一郎前首相の靖国参拝についても、「戦場で傷つき、飢えや病のまま密林に消えていった仲間の姿は悲惨だった。あの方たちが靖国の杜に戻っているとはとても思えません」と厳しい口調で批判した。

自民党や財界から大合唱となっている改憲論に対しても、護憲派の立場から、一線を画し

「平和主義と国際共存こそ日本の大事な国是」と断言してきた。その護憲論は「わが国の憲法精神は単に大戦直後の歴史的所産という以上に、平和を願う人類の希望を見事に表現したものである」（一九九一年五月の経団連総会における会長あいさつ）と、改憲論にくぎを刺して以来、全くブレていないのである。

それだけに、愛国心教育や集団自衛権などの昨今の偏狭なナショナリズムの風潮には、「戦争体験のない世代のナショナリズムの高まりには危うさを感じる。昭和の初めのころの空気に似ている」と眉を曇らせていた。

補足5

右の松本明男の叙述は平岩の平和思想の核心を衝いているので、不十分という気は全くないですが、しかし平岩はこの松本の紹介以外にも、平和について多く語っています。紹介しておきます。

◎大野誠治が伝える平岩の読書体験と平和（『人間平岩外四の魅力』）

本というものは自分の知識や経験の限界を無限に拡げてくれる。しかし読みたい本を乱読しているために感動と感銘を受けた本は多くても、座右の書はない。しかし敢て挙げれば『論語』と『韓非子』になろうか。この二書は平和を目的としているので。

◎城山三郎が伝える平岩の大岡昇平『野火』の読後感（『人生に二度読む本』）

軍隊がなくなり、軍隊の指揮系統のなくなった極限状態の中での兵士の人間模様がこの本には描かれている。かばい合いを忘れ、敵か味方かの疑心暗鬼の中に生きる。これが戦争というものだったのか。戦争の本質を見据えた大岡の叙述は素晴らしい。私はこの戦争を体験しながら、ここまでは考えなかった。

◎敬服する安岡正篤の戦争観を弟子の林繁之に問う平岩（『安岡正篤　人生の法則』）

「安岡先生の戦争観はどういうものでしたか」（平岩）。私が入隊する時、「死なずに帰ってこいよ」と言われました。また、「立派に戦死してください」は本当の女心ではないと言われ、大塚楠緒子の「お百度詣」の詩をある大佐の前で朗読されたことがありました。

ひとあし踏みて夫思い、　ふたあし国を思えども、　三足ふたたび夫おもう、　女心に咎ありや。　朝日に匂う日の本の　国は世界に唯一つ。　妻と呼ばれて契りてし、人も此世に唯ひとり。　かくて御国と我夫と　いずれ重しととわれれば　ただ答えずに　泣かんのみ　お百度もうであぁ咎ありや

「国の弥栄を願って！　天皇陛下万歳！」などと叫んで見事に散ったと言われているけれど、兵士の本心をないがしろにすることを言ってはいけないというのが、安岡先生の気持ちでした。先生は米内光政さんや山本五十六さんとともに、戦争の早期終結を望んでおられました。それゆえ日本が戦争に深入りするのを見て、口を閉ざすようになります。随分悩んでおられました。「やはり先生は戦争に否定的だったのですね」（平岩）。

敬服する安岡が平和主義者であったことを確認して安心する平岩。右で松本が紹介した平岩の平和思想は上っ面のものでなく、心の奥底からのものであることがこれで分かっ

ていただけたと思います。更に、平岩は『論語』や『韓非子』が好きなのは、この二書は平和を目的として書かれているからと言っています。含蓄あることばです。

もの静かで熟慮の上で判断する平岩さんは、世間では優柔不断な人と誤解され、リーダーとして物足りなさを指摘する向きもあったが、私は修羅場における平岩さんの凄みを何度も垣間見たことがあった。

その一つは、一九八〇年（昭和55）四月に五十％という大幅な電気料金の値上げを実現した時の交渉力である。

二度の石油危機による原油高騰に対応して九つの電力会社は政府に料金値上げを申請するも四面楚歌。折から、一九八〇年度予算の国会審議中とあって、政府・自民党は狂乱物価抑制のため、ノー。大口需要の産業界も猛反対だった。

とくに前年十月の総選挙で与党は大敗し、国会は与野党伯仲政治の緊迫した状況下にあり、政局も大福の政権抗争の渦中。「こんな大幅値上げを認めたら、予算は通らないし、六月の参院選挙（六月二十二日は史上初めて衆参同時選挙になった）は戦えない」と突っ張られた。

そんな中で、電気事業連合会の会長だった平岩東電社長は、政界の三人のキーマン相手に極秘裏に説得工作に奔走した。単騎秘かに首相官邸に乗り込み、大平正芳首相を相手に「四月に値上げしないと発電所は止まります」と二時間の直談判。「分かった。予算審議中でも認めよう」とのOKを取りつけた。

次は難関の田中角栄元首相と、福田赳夫前首相の説得。二人の私邸に駆け込み「値上げを認めていただかないと日本経済が動かなくなります」と懇請し、渋々了承を得た。

その時、私は平岩さんがマスコミの目を逃れて、目白台や野沢の田中邸、福田邸を訪ねて直談判していることを察知し、取材に動いていたが、「書かれたらこの話はつぶれます」と頼まれ、キーマンとの密談報道を控えたのであった。

この値上げ交渉では、知性の人、理念の人といわれる平岩さんの別の顔、汚れ事（ダーティワーク）を処理する手腕の凄さをあらためて知った思いであった。

× × × × × × ×

回顧録や私の履歴書のようなものを一切書かなかった平岩さんだが、ある経済雑誌の依頼で一九九五年（平成7）の夏から秋にかけて前後六回、十二時間にわたって対談する機会があった。嫌な質問にも笑みを絶やさず、訥々とした口調でその生いたち、戦争体験、政財界の裏面史からこの国の将来、更には文学作品から歴史、哲学、音楽、座右の銘まで縦横に語っていただいた。汲めども尽きぬコクある楽しい対談であった。

補足6

私の努力不足によるのだけれど、右で述べられている松本と平岩の経済雑誌での対談については、目を通すことはできませんでした。インターネットや出版情報等でも調べましたが、見つけることはできませんでした。もしかしたらこの対談は本になっていないのかも。私が目を通すことのできた本のすべては第3講に示す通りです。

この講の冒頭に書きましたが、この松本の文には、平岩が深く師事した安岡正篤については何も書かれていないので、補足5で補足をしておきました。また、平岩は安岡の思想から考える土台を学んだように私には思えますので、安岡の思想を述べる時、このことを顧慮して、再度述べることにします。

第3講　平岩外四の補佐論

この講では、平岩外四の執筆活動について書こうと思います。しかしこういう言い方は本当は正しくないかもしれません。平岩自身は殆ど本という形では執筆していないからです。短い説明文や解説文を書きはしても、多くは対談の記録とか、評伝という形で他者の筆になっているからです。

しかしにもかかわらず、なぜ執筆活動として書こうとするかと言うと、以下に列記する本は、本当は執筆でなくても、講演や対談をまとめたものだから、実質的には執筆に当たるわけで、平岩の思想を理解するのにぴったりの本となることが一つ。もう一つは、これらを諸本として概観すると、一冊一冊を見ていると見落としがちな平岩外四の思想の全体を見ることができるからです。

平岩は研究者ではありません。経営・経済の人です。書くことを目的とした人ではありません。なのになぜ語ったか。語る必要を感じたからでしょう。経営・経済に携わる中において。こういうことは後世の人にどうしても残しておきたいと思って。当然のことながら、これらの諸本は彼の後半生に集中しています。今述べたことと関係があるように思えます。
これらの諸本の出版を平岩の経歴と関係づけて列記します。

東電会長時代（1984〜1994）

①『聞き書き　静かなタフネス10の人生』（城山三郎、文藝春秋社、1986）
②『指導力の構造―経営トップ7人の知恵』（山田光行、日本生産性本部、1987）

日本経団連会長時代（1990〜1994）

③『財界人物我観』（福沢桃介著、平岩外四解説、図書出版社、1990）
④『企業人の読書日記』（平岩外四他5人、図書出版社、1990）
⑤『新・財界人列伝―光と影』（厚田昌範、読売新聞社、1992）
⑥『人間平岩外四の魅力―「ビジネス」の心を説く平岩語録』（大野誠治、中経出版、1994）
⑦『平岩外四　対話と交流』（平岩外四、日本電気協会新聞部、1994）

日本経団連退任後の一般役員の時代（1994〜2007）

⑧『地球環境〈2000－'01〉CO_2から環境ホルモンまで』（平岩外四監修［まえがきのみ執筆］、地球産業文化研究所、ミオシン出版、2000）
⑨『人生に二度読む本』（平岩外四と城山三郎との対談、講談社、2005）
⑩『安岡正篤　人生の法則』（平岩外四、林繁之との対談、致知出版社、2005）
⑪『私の後藤田正晴』（中曽根康弘、平岩外四他、講談社、2007）

平岩の諸本の出版は東電会長就任以降となっていますが、講演や対談、訓辞等も、東電社長就任（1976）時から始まっています。ということは、平岩にとっては、社長以前の時代は「修養」の時代であって、いよいよ社長となり、修養時代の成果を会社経営の中で指針として示そうとして、書き語り出したと理解するのが正しいでしょう。

この修養という思想は、多分、儒教精神の分をわきまえるという思想から来ているように思えます。社長でない者が社長のごとく振るまってはならず、己の職分をわきまえ、真心でもって職に務めるのが社員という教えは儒教のものであるからです。辞譲という教えに通じます。もしかしたら、この態度は安岡によって教えられたのかもしれません。

しかし、私はこういう態度を無条件に正しいとは思いません。社長でなくても、社のあり方や経営について発言することは、人間の権利としてあっていいと思うからです。しかし平岩は権利の行使を控えてでなく、社員として誠実に働くことが会社に役立ち社会に役立つ人間になる道と考えてこうしたのでした。とすればこういう態度も一概に間違いとは言えません。この講では、なぜ間違いでなく正しいのかを、平岩の言葉を読みながら具体的に考えていくことにします。

そしてこうすることは、同時に平岩が必要を感じて書き語ったことは何であったかの動機も明らかになるはずです。

平岩は修養のことを補佐とも言っています。以下では、修養＝補佐＝秘書として、平岩の「補佐論」を紹介していきます。

『人間平岩外四の魅力』が伝える平岩の補佐論

補佐は補佐。トップを補佐するのが補佐。トップに立ったら補佐ではない。社長は経営者、副社長以下すべての人は使用人であることを忘れてはいけない。

『安岡正篤　人生の法則』が伝える平岩の秘書論

秘書は目立ってはならない。用事のある時には常に側にいるのでなければならない。それが分からないようでは秘書の資格はない。必要な時に側にいて、必要でない時に側にいてはいけない。呼ばれた時、何の用事で呼ばれたかが分かるのでなければならない。

平岩はこういう心得で木川田一隆に仕えてきたと言います。

『人間平岩外四の魅力』が伝える平岩の「秘書の心得六カ条」

秘書の心得六カ条

①自分が使われている人の話し相手になれること。
②その人の代理で、外部の人に会えること。
③その人のために、触覚的役割を果たすこと。そのためにできるだけ多くの人に会い、しかも会った人を忘れない。
④口が堅いこと。しかし堅いだけでは駄目。時にはスポークスマン的役割を果たすこと。

⑤絶対に自分を表面に出さないこと。

⑥勉強しないでいると飽きられる。聞かれたらすぐに答えられるように準備をしておくこと。

この平岩の「秘書の心得六カ条」は、木川田一隆が東電副社長であった頃、彼の秘書であった総務課長時代に書いたと言われています。昭和三十六年六月頃。

そしてここで語られている補佐が秘書とも同義であることは明らかでしょう。

もう少し、この『人間平岩外四の魅力』で平岩の補佐論を見ていくことにします。

この補佐論が、平岩をして、どのようにして会社に役立ち社会に役立つ人間になることを可能にしたと言うのでしょうか。「補佐役は私心を持たずに補佐役に徹する」ので。こう言われると、なるほどとは思えますが、しかしこれだけではまだまだ得心できません。にもかかわらず、突然に、平岩の後継社長になった那須翔が、「平岩さんは誠実を経営に現わそうとして一生懸命努力した人です」と言うのを聞くと、え、どうしてそうなるのと思えてきます。しかし「誠実を経営に現わす」とは深い意味が感じられます。どういう意味なのでしょうか。もう少しこの論を追っていくことにしましょう。

平岩は補佐役の意義を次のように語ります。

・補佐役はトップに何かが起こった時に、全軍を指揮する能力と覚悟を持つのでなければならない。企業は人なり。トップは補佐役を鍛え、補佐役は部下を鍛えるのでなければならない。

・会社に帝王学などはない。丁稚奉公のようなもの。日常業務の中で仕事のやり方を盗み覚えることが大切である。トップが健在な折は補佐役に徹し、仕事を覚え、時が来たらリーダーになる。これが大切である。

こう言われると、この補佐論が平岩をいかに鍛えたかの理由が分かってきます。補佐論の要は、社長代行のできる人材になることにあると言われていることが分かって来るからです。

しかし補佐役は、一般的には任（秘書）として任命された者と思われていますが、この平岩の補佐論によれば、社員全員が社長になる覚悟で、会社の業務や社会的責任について考えていくのが補佐論の正しい理解となりましょう。そして実際の補佐役（秘書）は、社長代行の最前線に立っている人のことだと。

平岩はよく会社は人であると言います。社員が社長にいつでも交代できる状態にある会社は当然強い。まさに誠実に努力しているので。こういう平岩の態度を見て、那須は「誠実を経営に現わそうとした人」と言ったのだと思います。

こうであれば、まさに社長以前の時代は修養の時代と言っていいことになります。会社に役立ち社会に役立つ人間になるための。

また、平岩は自分が木川田の補佐役（秘書）に抜擢された理由を、たまたま自分の置かれた領域とは関係のない電力料金の体系の研究をしているのを見られたことによると、各所で述べていますが、印象的です。

しかしこうした補佐論、つまり社員論は時として「会社人間」論として揶揄されることもあります。しかしそれは正しくないでしょう。社員が社長のように考えること自体は揶揄されることではないですから。

補佐論のまとめとして、平岩が、社長訓辞として新入社員に贈った言葉を紹介しておきます。『人間平岩外四の魅力』より。

・仕事もスポーツと同じで基本が大事。基本になることをしっかり身につけて、問題意識

を持って仕事に取り組んでもらいたい。基本があって次のステップがあるのだから。

・仕事の基本を覚えるには型から入った方がいい。むだのない基本をしっかり身につけることで次のステップが生まれる。現場にはその道の神様がいる。しっかり学んで欲しい。

・基本を覚えたら間口を拡げるようにしよう。社会感覚を磨いてお客さんに応える努力をしていこう。基本だけに留まっていてはいけない。

・何事もその道の第一人者になることが大切である。そのためには自分の仕事だけでなく、他の分野にも目を向ける必要がある。特に今日は、会社は国際環境の中にあるわけだから、外国語とともに国際的視点から考える力を養う必要がある。

・耐えるということは受け身の辛抱ということではない。打開策を練り、事態の本質を見て解決していくということのために耐えるのである。耐えることは逃げ出さないということの別表現でもある。

・組織が人を動かすのか人が組織を動かすのか。組織に人が動かされている企業は活力を失い、人が組織を動かしている企業は発展し成長する。人が組織を動かすということは、組織の構成員が一人ひとり組織全体のことを考え行動することから生まれる。

最後の「・」の項は、平岩外四の迫真のことばのように思えます。「組織の構成員が一人ひとり組織全体のことを考え行動する」ということは、社員の一人ひとりが社長のように全体を見通しつつ、己の任務をきちんと果たすということを意味するからです。

平岩外四がこれらの執筆・講演において何を伝えたかったかと言えば、それは補佐の大切さであり、社員はみな社長なったつもりで頑張ろうとなりましょう。

そしてこれこそが、私が先に立てた、平岩がなぜ書き語る必要を感じたかの動機となりましょう。組織の上にあぐらをかく企業でなく、諸問題を解決して、会社のみならず社会に役立つ企業となるために。

以上が平岩が説いた「補佐論」です。この補佐論はまさしく「間違い」でなく、「正しい」と言っていいでしょう。

もう一言追加させてください。平岩は木川田の秘蔵っ子と言われていながら、平岩の言からは、木川田への感謝の気持ちや鍛えられたという話は聞こえて来ても、教えられた内容についてでは具体的には殆ど聞こえてきません。どういうことでしょうか。この問題を考えさせてください。

多分、平岩の頭の中では、自分の行動は木川田の行動と思っているので、語らなかったのだと思います。「時が来てリーダーになった」だけですので。

この理解で間違いないと思います。しかし平岩はいつまでも木川田の代行に留まっていることはできません。会社は現実の中にあって問題を現実的に解決していかなかったら、会社は坐礁してしまいます。代行でない平岩の時代は早晩に来たはずです。それはいつであったか。

実際の木川田から平岩への交代は、代行どころではなかったのです。木川田会長と水野社長が同時に退任し、東電の運命を平岩新社長に託すというものであったからです。

それゆえ平岩時代はいつからかと問われれば、社長就任当初からとなりましょう。とすると、木川田から何も学ばなかったとなるのでしょうか。そうではありません。いつも学んでいたと思います。問題にぶつかった時、木川田ならどうしただろうと考えながら、やってきたと思います。

それゆえ、改めて、木川田の教えは何であったかと言えば、右で述べた通り、「すべて」と言うしかありません。しかし敢て言えば「社長業」となりましょうか。

『人間平岩外四の魅力』には以下の語が出て来ます。

・社長は経営者であって会社には一人しかいない。社長以外はみな使用人。判断は社長がする。決断しなければ会社は動かず、決断すれば会社は動く。間違った決断をすれば会社はとんでもない方向に進む。責任は極めて重い。社長になったら完全燃焼する覚悟を持つのでなければならない。

・リーダーは先見性をもって決断しその結果に責任を負うのでなければならない。企業は永遠なりの思想で、短期の利益だけでなく後の世代のことを考えて決断するのでなければならない。また地球環境の問題も消費者・国民感情も留意するのでなければならない。

・社長業の課題は権力をどう行使するかでなく、経営の中の問題点をどう解決していくかにある。逆境の時ばかりでなくいつの時にも。

平岩の企業論を読んでいると、補佐論や企業が持つべき人間学や道徳観、技術論が出て来ます。これらも木川田から教えを受けたことによると考えて間違いはないでしょう。しかし敢て社長業としたのは、木川田の秘書時代に社長業を鍛えられたと思うからです。補佐論も人間学も道徳観も技術論も、社長業に含まれるものとして鍛えられたと思うからです。

この補佐論が、平岩を、会社に役立ち社会に役立つ人間にさせていったことが分かります。

それにしても最後の「・」の平岩の言はすばらしいですね。こういう風に考える社長が増えたら、日本はよくなります。そしてこの思想は盛田命祺や盛田昭夫の思想と共通することは明らかです。

第4講　平岩の経営思想―共生の理念―

平岩の経営思想を考えるには、以下の三文献から考えていくのがよいように思えます。平岩が財界のリーダーとして君臨した時代は、つまり経団連の正副会長であった時代は、今日につながる企業のあり方の大変動が始まった時代で、今日に至ってもまだ結論の出ていない経営論の時代でした。こんな中で、どう平岩は共生の経営論を構想していったか。それを理解するために基本となるのが以下の三文献と思うからです。

厚田昌範が伝える平岩外四経団連会長就任の歓迎論（『新・財界人列伝―光と影』）

一九九〇年（平成2）十二月二十一日の経団連の総会で、平岩外四が第七代経団連会長として推挙された。マスコミは「待望の平岩外四経団連内閣が誕生」と歓迎。それに対

して、前会長の某氏については「史上最悪の財界総理」と酷評。日経連会長の鈴木永二も「経済団体は二十年、三十年先を見越して指導力を発揮すべきだ。目先の利益ばかり考えて発言するのはボスであってもリーダーとは言えない」と言い、同じく某氏を酷評。鈴木は更に、「高度経済時代にはリーダーがいなくてもよかったが、これからは必要。リーダーの条件は歴史観、倫理観、正義観の三つだ」と言って、平岩の登場を歓迎する。

盛田昭夫の「企業哲学」を思い出してください。資本主義は儲け主義ですが、儲け主義だけでは資本主義はやっていけなくなっています。それだけだと市場を崩壊させてしまうからです。市場での共生が必要です。しかし共生と儲けは対立概念です。しかしこれを統一してやっていくのでなければ、市場を崩壊させてしまいます。これを解決する哲学を企業は持たねばならない。これが盛田の企業哲学でした。

そんな中、儲け主義だけのボスでなく共生の理念を大切に思うリーダーとして、平岩外四は嘱望され登場したと言います。鈴木の「歴史観、倫理観、正義観」とは、「共生の理念」を生み出す前提としての世界観ということなのでしょう。

城山三郎が伝える平岩外四の読書論（『聞き書き　静かなタフネス10の人生』）

人間の個人の体験というのは本当に知れたものだから、それ以外の世界については本によるか、他の人の話を聞くか、何かによって吸収しなければいけないと思う。その中ではやはり読書が一番いいと思う。自分一人で出来る方法だし、全く自分の知らない世界とか、自分がいままで全然考えてもみなかった方面のこととか、そういうことを無限に知らせてくれるのが本だから。

読書は私がビジネスの世界で生きる支えになっている。生き方とか経営の中で判断する場合、自分が読んできた本が一つの基礎になっているという感じがする。

この読書から共生の理念も平和の理念も生まれてきたと考えていいでしょう。そして、これに裏付けられた東電での経営手腕を見て鈴木たち財界人は、平岩の登場を嘱望していたことが分かります。

山田光行が伝える興銀の中山素平相談役の平岩評（『指導力の構造』）
彼には不思議な魅力がある。周辺の人間をして、彼をもりたてようという気持ちにさせるからである。多分逆境から逃げ出さず、粛々とそれに向かっていくから、そういう気持ちにさせるのだと思う。「敵のいない徳望の人」という語は彼のためにあるように思える。

儲け主義ではやっていけなくなった資本主義の危機、共生の理念を持たなければやっていけなくなったこの逆境。徳望の人でなければ道を開くことはできません。逃げ出さずに粛々と向かう平岩さん。僕はついていくよ。こんなメッセージが聞こえてきます。中山素平の言からは。

右の三著には、平岩への期待、読書の平岩、徳望の人としての平岩が述べられています。これらを適当に繋ぎ合わせれば以下のような平岩像が出てきます。

逆境から逃げず、人類の英知を読書で学び、その豊かな歴史観、倫理観、正義観を駆使して逆境を切り開いてきた平岩氏は徳望の人。この時代のリーダーにふさわしい。経団

連会長就任を心から歓迎する。

逆境とは、第一部盛田の講で見た、集中豪雨的輸出という批判と新自由主義の台頭のことです。平岩はこの逆境に対処しつつ、どう共生の理念による経営論を切り開いていくのでしょうか。

第1講で、平岩の好きなことばとして、レイモンド・チャンドラーの「タフでなければ生きていけない。しかし優しくなければ生きていく資格がない」を挙げていると紹介しましたが、まさに平岩はこの思想を貫いて経営にあたってきたと言っても過言でないでしょう。鈴木永二がリーダーの条件に歴史観、倫理観、正義観の三つを挙げ、平岩こそこれにふさわしいと言ったけれど、まさにぴったりのように思えます。具体的に見ていくことにしましょう。

『人間平岩外四の魅力』より

・企業は道徳的でなければならない。利潤追求主義だけではいけない。消費者の反発を招くだけでなく社会秩序を乱すことになるから。

大口機関投資家への損失補填と暴力団への情報提供といった証券界を揺るがす大スキャンダルが発生した時、平岩は経団連会長として右のように言い、自民党への政治献金の斡旋をやめ、企業行動憲章を作成してスキャンダルに対処した。

・企業の社会的責任は法に違反しないだけでなく、倫理に違反してもいけない。企業は人間のためにあるのだから。

・経営は人間学を深める方向でなされるべきである。そのためには、目先にとらわれずに長い目で見る、一面だけでなく多面的全面的に見る、枝葉末節にこだわらず本質を見る必要がある。

企業経営は道徳の上に立ってせよ。平岩外四の最初の提言です。

この企業経営における道徳論や人間学は、木川田や後で詳しく見る安岡正篤の影響によるところが大でしょうが、チャンドラーの言が根底にあることも明らかです。更に、『指導力の構造』の中で山田光行は、「読書が平岩の経営手段の源泉になっている。読書から得られた幅広い教養が経営に活かされている」と言いますが、この読書がチャンドラーの言を下支えしていると考えてもいいでしょう。

この道徳論と人間学を、平岩は、更に次のように発展させていきます。

『平岩外四　対話と交流』より

・東電の事業経営の中では公益性と企業性は一体のものと考えて行われている。

・企業の諸活動は社会性を内在させていると同時に社会そのものの中にその土台を据えている。効率と創造は発展の大事な柱であるが、しかしそれは社会性を欠いたものであってはならない。

・組織が巨大化すると管理を管理する管理の重層化が進む。しかし管理の原点は現場や事実の中にあることを忘れてはいけない。また世論や風潮の中には科学や論理でなく感覚的な共感運動が生じやすいが、それに機械的に反発するのでなく、自らが実力を備え、社会から信頼される仕事をすることで応えていくのでなければならない。

先の論では、企業の社会的責任としての道徳論・人間学でしたが、この論では、社会とともに生きる企業の道徳論・人間学として深められていることが分かります。
そしてこの思想は更に次のようにも深められていきます。時代的には、平岩外四が経団連会長に就任した頃で、集中豪雨的輸出と言って世界から批判されていた時代です。逆境の中で平岩の思想は発展していくのでした。盛田昭夫が「日本型経営が危ない」を書いた時代の頃のことです。

『平岩外四　対話と交流』より

・消費者の時代という認識は大切だが、何が消費者のためになるかを考えることはもっと大切である。自分のことばで語りかけ、合意を形成する中で考えるようにしていこう。
・一寸先は闇だが、しかし予兆をとらえ、思考の枠を広げ、人間性に満ちた企業をスローガンに、社会との共感の上に立つ企業を目指すのでなければならない。
・今日は国際秩序模索の時代、地球規模での協力が求められる時代である。企業も利益追求中心の経営から、弱者とともに歩む企業、世界とともに歩む企業を目指すのでなければならない。志と心が問われる時代となった。世界に通用する理念を持とう。

・戦後身につけた一国平和主義や一国繁栄主義、経済成長至上主義や企業論理優先主義では今日はやっていけなくなった。日本と世界、経済と政治、企業と社会そして人間との関係をとらえ直し、二十一世紀の日本と世界の発展に寄与する道を探究していこう。

・共生は政策でなく理念と思う。地球・市場・人間を結ぶ理念として共生がある。イデオロギーが意味を持たなくなった今日、共生こそ人類の理念である。市場での競争の前提としてあるのが共生である。

・相手とともに生き、お互いを活かす。これが共生である。社会に関心を持ち、社会と対話を重ね、社会とともに働く。これが共生である。

この時代に平岩の思想が大きく飛躍したことが分かります。「・」の前の二つは社会に生きる企業論ですが、後の四つは世界と共存する共生の企業論となっているからです。

外圧の中で日本をどう運営していくべきか。平岩は木川田や安岡に、とりわけ読書にその解を求めたことでしょう。判断する場合、「自分が読んできた本が一つの基礎になっている」と言いますので。

そしてその解を「共生の理念」の中に見い出したのでした。

共生とは、道徳心を高めてともに生きる道です。ジコチュウであっては共生は実践できません。隣人愛や慈悲の心に生きる道、これこそが共生の道ですので。

平岩外四はこの「共生の理念」において哲学者となりました。

もちろん平岩の心には電産争議の時代から共生の理念はありました。チャンドラーの言のように「優しくなければ生きていく資格がない」ですから。電産争議の殺し文句は「国民の電気を守る中で、生活をともに善くしていこう」でした。

しかし自覚的にこの共生の理念に到達したのはこの時代においてです。哲学者の要件は自覚的であることが絶対的ですので。

この共生の理念において、平岩は、世界の企業や社会との共生ばかりでなく、国民の生活にも一層深く目を向けるようになっていきます。「地域社会と共存する生活大国」というテーマを掲げ、「経済を内需主導型の経済構造にしよう。国民一人一人が豊かさとゆとりの感じられる社会になるように貢献しよう」と呼びかけるようになります。

「経済改革研究会答申」において

目指すべき経済社会の目標は以下の四つ

①内外に開かれた透明な経済社会

②創造的で活力のある経済社会

③生活者を優先する経済社会

④世界と調和し世界から共感の得られる経済社会

以上です。共生の理念による経営論の成立です。

そして、この時代こそは平岩外四が最も輝いた時代でした。

この『平岩外四　対話と交流』が刊行されたのは一九九四年ですが、このような思想が形成されたのは一九九二年及び一九九三年です。日付がそうなっていますので。思想は、盛田昭夫の「日本型経営が危ない」（一九九二）と共通しています。盛田とともに一番頑張った時代でした。

しかし、これからという時に、盛田昭夫は一九九三年に人事不省に陥ってしまうのでした。大事なパートナーを失った平岩外四はある意味で孤立無援となります。そして一九九四年には、経団連会長退任の時を迎えます。平岩の終末には悲壮感が漂います。しかしこの悲壮感については、後で詳しく述べることにします。

その前に、平岩の経営思想を見極める上で大切な、安岡正篤への師事と、平岩の技術論とリストラクチャリングについての思考を見ておくことにします。


まず安岡正篤への師事について(『安岡正篤　人生の法則』より)。

安岡についてはいろいろ書いてきましたが、これについてはまだ書いていません。ここで書くことにします。

安岡への師事は課長時代からと言われています。

平岩がどれほど安岡に師事し彼を敬服していたかは、『安岡正篤　人生の法則』を出版したり、瓠堂忌(安岡の命日)の席で、「安岡先生の思い出」を語ったりしていることからも知られます。どう指導を受けたのでしょうか。

一九八八年十二月十二日、「瓠堂忌に因んで」と題して安岡の思い出を語っています。

・安岡先生が東洋の英知について、私の蒙を啓いてくれた。

・安岡先生は、異文化を尊重し相互に宥和し合うこの精神を失えば、世界に争い事は絶えないと言われた。

・安岡先生は思考の三原則を次のように示された。

①目先の現象面にとらわれないで長期的な展望の下で見よ。洞察力を養え。

②多角的、多面的に見よ。一つの分析的見方だけに頼ってはいけない。

③枝葉末節にとらわれずに本質を見よ。本質を見抜く選択眼を養え。

なぜこの三原則が大切なのかについては次のように言われた。

人の心は一つのもので動くのではない。状況や気分によって変わる。義によったり、利によったり、理知によったり、情に流されたりして変わる。これを見るのでなければいけない。人間の行動は知識や論理を超克し、矛盾を含みながらなされるもの。東洋の合理はこういうものとして人間を見る。

先に、私（久田）は「消費者の時代という認識は大切だが、何が消費者のためになるかを考えることはもっと大切である」との言を紹介しましたが、その他にも平岩は「経営の自己革新が迫られる中、大局観を磨くのでなければならない」と語っています。

安岡の思想をそのまま語っているように聞こえます。理屈だけでなく、それを人間が心から喜んでもらえるようにすることが大切だよと。すぐ後に見ますが、平岩はこのように安岡から薫陶を受ける中で、儒教の「恕」の思想に目覚めさせられたとも言います。

更に、社長就任時に安岡からいただいた清の曾国藩の「四耐四不」の教えは、私が社長業をやっていく上で、心を座らせたと言います。このことばのお陰で、耐えることは我慢することでなく、耐えることは、社長業を引受けた以上当然のことと思えるようになったと言います。曾国藩の「四耐四不」の教えは以下の通りです。

冷に耐え、苦に耐え、煩に耐え、閑に耐え、激せず、躁がず、競わず、随わず、以て大事を成すべし。

この語の意味は、大事の道は、冷に耐え、苦に耐え、煩に耐え、閑に耐え、徒に激したり、躁いだり、競ったりせず、かつ人の意見に追随することなく、自らが見いだす中で開くべしとなります。

そして、平岩はこのことばのお陰で、勝海舟の次のことばも理解できるようになったと言います。


事いまだ成らず小心翼々、事まさに成らんとす大胆不敵、事すでに成る油断大敵。


意味は、どうしたらいいか結論の得られない時は小心翼々に考え、方向性が決まったら大胆不敵に実行し、実行した後は油断せずにうまくいくことを願って見守るのでなければならない、となりましょう。

更に、平岩は安岡から「四耐四不」の教えを贈られた時、論語の「それ恕か」がスッと頭の中に入ってきたと言います。

「四耐四不」の教えを贈った時、安岡がこれを恕の心で実践せよと言ったのか、それとも平岩が自発的に恕の心で実践しようとしたのかは私には分かりません。しかし恕の心で実践しようと平岩が思った事実に変わりはありません。素晴らしい。まさに隣人愛です。恕の心とは、「己の欲せざる所は人に施すことなかれ」です。

右以外にも、平岩は陰徳の大切さ、信頼関係の大切さを安岡から学んだと言います。前に興銀の中山素平の平岩評「敵のいない徳望の人」を紹介しましたが、これは安岡からの薫陶のお陰と言っても過言ではないでしょう。

結論として言えば、平岩は安岡から何を学んだことになるのか。私は考える土台、思想の土台としての「恕の心」と言っておきます。チャンドラーの言は「恕の心」にまで深められたということです。

次は技術論とリストラクチャリングについて。

平岩が東電会長、経団連会長にあった時代は、バブルの崩壊と技術革新の時代でした。企業にとっては、リストラと技術の革新は避けては通れないものになってきたのでした。平岩はこれについてどんな見解を持っていたのか。それを見ていくことにしましょう（『平岩外四　対話と交流』より）。

一九八四年九月七日、「社会経済国民会議、経済政策研究会」での講演

わが国の企業内教育は充実していると評価されてきた。そこでは終身雇用とか年功序

列という安定した雇用のもとで、いわば伝承型の教育が行われてきた。しかし今や、教育は伝承型から創造型へと移行してきている。伝承型技術でなく創造型技術が求められるようになった。それに伴っていろいろな問題が出て来るようになった。高い専門分野の技術者たちの企業への忠誠心の問題とか、技術革新が進む中、能力の陳腐化や不適応問題とかが出てきている。これをどう考え克服するか。これからの大きな課題である。

今日は、確かに、技術が伝承型から創造型へと移行する時代になってきています。これまでは、終身雇用や年功序列という雇用のもとで、技術は社内での伝承型教育でまかなわれてきたが、これからは創造型技術が求められるようになった。どうすべきか。こういう問題提起です。盛田昭夫の『MADE IN JAPAN』と較べると、少し腰が引けている感じがしますが、解決を目指そうとしています。

では平岩自身は、この問題提起をどう解決していこうと言うのでしょうか。

一九八六年一月の東電会長としての年頭所感

高度情報化社会は人工の社会であり、人間の尊厳を傷つけかねない危険性をはらんでいる。それゆえ、技術は人間の僕であり、人間が技術の主人であるということを一時たりとも忘れてはいけない。技術革新の目的は人間の福祉を増進させ、社会の進歩発展を促すものであることを忘れてはいけない。

この年頭所感でも問題の解決は、人間の福祉と社会の発展を期してなされなければならないと言われていますが、しかしどうすべきかの具体的提案はありません。

一九九三年二月の東電店所長会議での会長あいさつ

バブルで膨らんだ事業分野の整理や合理化がなされ、今はリストラクチャリングの時代になっている。しかしバブルの反省によるリストラだけではいけない。新しい行動を起こすためのリストラでなければならない。この点で重要なことは、社内への技術蓄積と人間能力の発揮できる組織化を忘れてはいけないということである。

ここでは、バブル時の拡大を縮小させるためのリストラは避けられないとしつつ、贅肉落としの馘首だけではいけないと言っています。馘首だけの贅肉落としでは、組織は活性化せず、「社内への技術蓄積と人間能力の発揮できる組織化」は不可能と警告を発していますが、しかし、ここでも具体的提案は語られません。

一九九四年五月二十七日の経団連での最後の会長あいさつ

日本経済のダイナミズムのためには、リストラや技術革新による新しい次元を開く企業家精神の確立が不可欠である。

残念ながら、ここに至っても具体的な提案はありません。リストラが容認されています。新しい次元での奮起を促すに留まっています。

同日の経団連総会での退任のあいさつ

今日のような転換期にあっては過去に模範解答を求めることはできない。しかし、私はこのような混乱の時代こそ、否定的にならず、「大いなる肯定の精神」で以て当たるべきだと思う。みんなで協力し知恵を出し合って頑張ろう。

結論的に言うと、どうしたらよいかについては、残念ながら具体的に語れないままに退任を迎えたということです。「新しい次元」をみんなで協力し知恵を出し合って、切り開いていこうと呼びかけるに終わっています。

この退任の文言からは平岩の諦観が読み取れます。「過去に模範解答を求めることはできない」と言うのですから。本当は「過去に模範解答を求めよう」と言いたかったのではないでしょうか。盟友盛田昭夫を失い、孤立無援の中で、新自由主義の台頭を前にこうしか言えなかったのではないか。悲壮感が漂います。

平岩は一九八六年の年頭所感では、「技術革新の目的は人間の福祉を増進させ、社会の進歩発展を促すものであること」、一九九三年の所長会議では、「重要なことは、社内への技術蓄積と人間能力の発揮できる組織化を忘れてはいけないということ」と述べていました。

平岩の頭の中には、「共生の理念」が鳴り響いていたと思います。無闇な馘首のリストラでないあり方を求めて。例えば、配置転換をしつつ全社あげての新技術獲得運動の創出などです。困難の中でどう新しい次元の共生関係を創出するか。本当は、これが日本企業の課題だと言いたかったのではないでしょうか。悲壮感が漂います。

平岩外四退任以降、日本企業は、安い労働力を求め、海外への工場移転の道を進んでいきます。日本企業も新自由主義に翻弄されていきます。ご存命だったら平岩は何と思うでしょうか。

第5講　平岩外四と原子力発電

最終講として原発を問題にします。

「はじめに」で書いたように、「原子力発電と平岩」、「原子力発電事故と平岩」の関係は、平岩の経営思想を問題にする限り避けては通れません。「はじめに」で問題にした週刊誌記者の見解や「国会事故調」の見解を頭に置きながら、平岩の原発についての見解を検討していくことにします。

東電の原発の営業開始は一九七一年です。平岩が東電社長に就任したのは一九七六年。原発を導入することについては、木川田の指導の下で、平岩が積極的であったことは論を待たないでしょう。しかしその当時の発言は残されていません。残っているのは一九七六年東電社長就任以降のものばかりです。このことを確認した上で、平岩が原子力発電をどう考えていたかを考えていくことにしましょう（『平岩外四　対話と交流』より）。

一九七六年十二月二十三日の定時株主総会での議長あいさつ

石油の高価格時代を迎え、エネルギー源の多角化が必要になっている。原子力発電の推進、液化天然ガスの導入、水力の開発が求められている。

原子力発電の推進。平岩の心がここにあったことは間違いないでしょう。当初から。木川田とともに。

一九八四年一月の電事連会長会見

今年は原子力、特に原子燃料サイクルの確立に向けて前進したい。日本には国産エネルギーはほとんどない。再処理によって高速増殖炉やプルサーマルで利用できれば、自前の燃料を持つことができる。こうなれば国内セキュリティが確立する。安全確保を大前提としつつ。

この発言を聞くと、平岩が原子力発電の危険をほとんど理解していなかったことが分かります。高速増殖炉のプルサーマルは、後日、危険なものとして廃炉が決定されることになりますが、それに対して「国内セキュリティの確立」を期待しているのですから。因みにこの「国内セキュリティ」とは電力の安定的供給のことで、原発の安全性を意味したものではありません。平岩がこのレベルですから、木川田も東電全体もこのレベルの認識にあったと言っていいでしょう。

一九八七年四月十五日の日本原子力産業会議第二十回での講演

原子力は石油代替のエネルギーとしての現実性、環境への影響、資源保存量などの面で優れた特性を備えている。発電用エネルギー資源としての適切な活用は人類にとって不可欠の道である。日本の原子力利用の推移を世界は注目している。

一九八九年四月の東電店所長会議での会長あいさつ

今日の文明社会は巨大で精密な技術システムに支えられている。これを管理する仕組やそれを操作する人間にミスがあってはならない。時折今も、ジャンボ・ジェット機のエンジントラブル、列車の追突・衝突、船舶の火災、工場や油田の爆発などの事故が発生している。しかしわが社の福島原子力発電所は事故を起こしてはならない。そのためには点検・保守・保全の地道な作業を怠ってはいけない。大衆の不安感を解消するためにも。『言志録』に「守成の中に創業あり」とあるが、創業のつもりで守成をやってもらいたい。

東電の原発事故は、この「点検・保守・保全」では押えられない事故として発生したのでした。東電では「想定外」の津波によってと言いますが、国会事故調はそれは想定外ではなく、東電が責任を負わない体質から生まれた想定外として厳しく批判しました。このやりとりは大切です。第三部で改めて問題にします。しかしこの第二部では、東電が想定していなかったのですから、その意味での「想定外」として考えていくことにします。

一九九二年十一月の東電店所長会議での会長あいさつ

資源小国のわが国が、今後の世界のエネルギー需要の伸びの中で、エネルギーの安定確保を図るために、プルトニウム平和利用のための技術開発に今から取り組むことは

意義あることである。

平岩が原子力ユートピアに則って、原子力発電に誠心誠意努力していることが分かります。エネルギー源の安定確保のために。発電用エネルギー資源として道を開くために。しかし原発で発生する使用済み核燃料は、閉じ込め冷やし続けなければ核兵器になる大変危険なものなのです。五万年閉じ込め冷やし続けなければ無害になりません。すぐ次に読みますが、平岩は「反原発運動を克服する」などと呑気なことを言ってますが、使用済み核燃料を無害化する技術のないことを知らないから、こういうことが言えたのです。想定外にしてはいけないことを想定外にしていたのでした。認識不足のために。反対運動の人たちはこのことを理解して反対運動をしていたのでした。だから、東電は二重の想定外の誤りを犯していたことになります。自然の災害に対する想定外と使用済み核燃料の危険に対する想定外の二つにおいて。

一九八七年に原子力発電に対する反対運動が起った時、次のように述べています（1989年、ホワイトヘッドとの対談）。

原子力はクリーンエネルギーであるから、反原発運動を克服するのでなければならない。原子力の推進にはクローズドマインドでなくオープンマインドでやらなければ理解は得られない。原子力は技術で制御できるクリーンなエネルギーである。反対運動の人が誤解している面をどう説明するか。努力を怠ってはならない。

今この発言を平岩本人が読んだらどう思うでしょうか。平岩のことなので、素直に勉強不足だったと謝ると思います。

更に、この三年後の一九九一年のG・クラークとの対談でも、平岩は「今や電気のない生活は考えられない。エネルギー問題は国民生活や経済活動の根幹に関わっているので。自然エネルギーはロマンがあるが、量的確保の問題でリアリティーがない」と言っています。

この発言は、平岩が原子力発電中心に舵を切ったことを意味します。反原発運動を克服することができたと思って。そしてクラークから、「石油危機以降、日本の電力会社の原子力への転換は見事でした」とのお褒めのことばをいただき、平岩はさもあらんと得意になるのでした。

この得意さは、一九九三年の有馬朗人との対談で頂点に達します。「原子力の安全性というのは技術が進んでいて、技術者がしっかりしていれば非常に安全である。それに対して心配なのは人文科学のおくれである」などと言って、技術の安全性について自信を示すのでした。しかしこの得意と自信は、二十年後の東日本大震災に伴う原発事故によって、砂上の楼閣として崩壊します。

では、平岩の誤りはどこにあったか。カントは言います。科学・技術の問題は科学・技術が解決するのでなければならず、人間の主観的願望によって勝手に解決したと思ってはいけないと。誤りは、五万年の間、使用済み核燃料は閉じ込め冷やし続けなければ無害化できないのに、「点検・保守・保全」だけでやっていけるという願望でもって操業したところにあります。認識不足からであっても大問題です。反原発派はこのことを問題にしていたのですから。

ところで、平岩は「人文科学のおくれ」と言っていますが、何が言いたかったのでしょうか。本人に問うたら「不徳のいたすところ。勘弁してください」と言うことでしょう。敢て言えば、「アホな反原発運動に惑わされることなく、人間的な原発で共生の理念を大いに開花させよう」であったと思います。今や、アホは平岩ら東電の側であって、反原発派でないことは明らかです。

以上より分かることは、平岩が原子力発電推進者であったことは間違いありません。

問題は、週刊誌記者が言うように、平岩から東電の変質がはじまったのかということです。週刊誌記者の言い分を改めて見ることにしましょう。

〈中興の祖〉が怒り、泣いている。かつて東電には〈企業の社会的責任〉を先駆的に掲げた木川田一隆が経営する時代があった。しかし木川田の後継者となった平岩外四から早くも変質の道を歩み始めてしまった東電。原発に対して〈安全第一〉を掲げた木川田は現状を知ったら何と言うだろうか。

週刊誌記者は、平岩から安全神話を振り回すだけの東電に変わったと言いたいのでしょうが、果たしてそうだったのでしょうか。

企業の社会的責任については、平岩も度々言及しています。例えば、

安全確保を大前提としつつ、わが社の福島原子力発電所は事故を起こしてはならな

い。そのためには点検・保守・保全の地道な作業を怠ってはいけない。

そして反原発運動に対しても、

原子力の推進にはクローズドマインドでなくオープンマインドでやらなければ理解は得られない。原子力は技術で制御できるクリーンなエネルギーである。反対運動の人が誤解している面をどう説明するか。努力を怠ってはいけない。

と言って、オープンマインドで腹を割って話し合おうと言っています。社会的責任についても、点検・保守・保全の地道作業で果たしていこうとしていることが分かります。惜しむらくは、平岩はカントのレベルで考えることができなかったと言うことなのです。

こういうことですので、週刊誌記者の平岩変質説には無理があります。そして平岩の努力をないがしろにする点でも大変問題があります。

しかし国会事故調が断定した、「原発事故は想定外の津波によって引き起こされたのではなく、最大の責任は経営者でありながら自律性と責任感の乏しい清水正孝社長（事故発生時）を頭に持った東電にあって、東電は企業者として当然持つべき責任を持たず、その〈責任を役所に転嫁する黒幕のような経営を続けてきた〉ことに因る」という断定は正しいのです。現場で指揮する吉田所長に、清水が「吉田ちゃん、吉田ちゃん、そちらで勝手に判断せず、斑目先生の指示に従ってください」などと遊び感覚で言っていましたが、どう考えても、清水が原発という恐ろしい魔物を扱っているという自覚を持っていたとは言えないからです。東電がどこかで変質したことは明らかなのです。

文系頭の私には、福島原発事故を全体的に語ることはできませんが、しかし今明らかになっていることを言えば、「想定外」の地震が発生したことは事実でも、想定してきた原発の耐震装置が破壊され、原発の安全機能が喪失されたことも事実なのです。このことが分からず、東京本社から事態に合わない指示を出し、醜態をさらけ出したのが清水社長だったのです。想定外のことが生じた時どうするか。多分彼は安全神話に酔い、想定外の発生することなど想定していなかったと思います。それゆえ、チェルノブイリ以上の原発事故を目の当たりにして、病気になり、病院に逃げ込むしかできなかったのです。

では、木川田や平岩は想定外を想定していたかどうか。多分彼らも想定していなかったと思います。安全確保のための地道な「点検・保守・保全」の作業のことしか語っていないのですから。今となってはだれもが、地道な「点検・保守・保全」の作業だけで安全操業できるとは思いませんが、彼らはこれこそが安全操業の道だと考えていたと思います。

もちろん私は、こういう努力は意味がないなどと暴論を叶く気はありません。この点検・保守・保全は言うまでもなく大切なことですので。

しかし神でない人間が、完全に、発電中の原子力や使用済み核燃料を管理できると思うのはおこがましいことです。使用済みであっても放射能をまき散らす原子力については、管理体系はいまだ確立していないのですから。

木は燃えて灰になれば自然に戻り無害です。石油製品は自然には戻らないが、埋めれば人間に害を及ぼすことはありません。しかし原子力は埋めた程度では押えることができず、閉じ込め冷やし続けることができなくなれば、垂れ流れ出てしまう。つまり核兵器になってしまうのです。

原子力発電とはこういう核燃料を使う発電なのです。だから、原発はどれだけ万全を期し全勢力を傾けても、絶対に安全であるものにはなり得ないのです。それゆえ今回の東日本大震災はそれを証明しただけとも言えるのです。

ずばり原発には絶対安全というものはない。安全に備えるということは大切だけれど。

だからこそ、安全という神話をつくるのは大きな誤りと言わねばなりません。この点で木川田と平岩は誤りを犯さなかったか。明らかに誤りを犯しています。

木川田は、「悪魔のような代物の原子力を導入するからには安全第一を旨とし、原子力に向けられている批判・非難・反対に対しては、道徳心において対応するという精神を持って」導入すると言いましたが、これ以上のことは言っていません。平岩に至っては、「安全確保を大前提としつつ是非やりたい」と言って、高速増殖炉のプルサーマルの導入にまで言及しています。

安全を担保に。何度これを繰り返しても、絶対的安全にはなりません。人間は神ではないのです。不完全にしかできないのが人間です。安全に備えていれば安全である。こんな科学的に根拠のない安全論が安全神話をつくってきたのでした。今思うと、平岩の「自然エネルギーはロマンがあるが、量的確保の問題でリアリティーがない」という発言は、問題発言であったことは言うまでもありません。

では、木川田と平岩は清水と同類であるのか。同類ではないと断言します。

清水は安全神話に酔い、爆発によって想定外の放射能漏れが発生しているのに、想定内のマニュアル通りの指示を出し、事態の深刻さが分かってからはオロオロするばかり、病院に逃げ込むことしかできなかった。こういうことですので、原発は危険な物という認識を肌からは持っていなかったと言えます。想定外を想定して想定外のことが起きたらいつでも対処するという心構えの欠如。国会事故調が断定したように、正に無責任社長でした。

木川田と平岩はどうか。自作自演の安全神話に酔っていたことは事実です。しかし清水のように醜態をさらすことはなかったと思います。原子力の恐ろしさを知っていて、安全対策を怠りなく進めていたからです。想定外のことは想定していなかったけれど。

こういう態度でしたので、想定外のことから発生したとしても、起こしてはならない原発事故を発生させたのですから、国民に謝罪し、東電あげて、事後処理と復興に努力し、被災住民に対しては救済に向かったと思います。少なくとも国会事故調に、「反省のブレーキなき企業」と断罪されることはなかったと思います。

週刊誌記者が言うように、東電の変質は明らかです。しかし平岩からでないことも明らかです。右に見た通りです。では誰が社長であった時から東電は変質したのか。東電自身が、「東電の原子力発電事故」というテーマで自己点検する必要があると思います。真に国民のための東電となるために。

以上で平岩外四の思想講座を閉じます。中途半端の感はぬぐえませんが。

おわりに

平岩をどう見るべきでしょうか。以上の論考は舌足らずに終わっています。どうしてか。事故後は、原発はすべて停止させられました。安全が確保されないままの操業は危険ですので。しかし今では再稼動が許可されている原発もあります。許可の基準が曖昧なままに。少なくとも私にはそう見えます。しかしこの件と平岩は関係ないのでは。大いに関係はあるのです。

原発事故は平岩の没後以後に起きていますが、その原発を推進したのは平岩です。だから彼が原発事故の渦中から逃れることはできません。基準が曖昧なままで再稼動が許可され、事故を起こしたら平岩の責任は永遠に問われることになります。平岩の責任の限界についてはっきりつけておく必要があります。この点で舌足らずでした。

同時に、平岩は「共生の理念」に生きた人でもありました。そして平岩は平和主義者でもありました。だから逆に、この平岩をきちんと評価しておく必要があるのです。

盛田昭夫や平岩外四の退場を境にして、日本企業のリーダーたちが軽薄化しているように見えます。敢て言えば堕落しているようにも。新自由主義の儲け主義に翻弄される中、彼ら自身がそれを担ってもいます。大変な事態が進行しています。

私はこれを克服する道は、盛田と平岩の企業哲学、共生の理念による経営論の中にあると思っています。そして彼らの思想こそは、日本企業が育んできた企業思想の最高峰をいくものと確信しています。

今日の経営者たちを詰るのでなく、この最高峰の思想を示すことにおいて、彼らの反省の一助になることこそ哲学者の道でしょう。盛田や平岩の企業哲学、共生の理念による経営論をきちんとした形で示しておきたい。そのためにも、原発事故における平岩の責任について、はっきりけじめをつけておく必要があるのです。

第三部では、この点に焦点を絞って、盛田昭夫と平岩外四の企業哲学、共生の理念による経営論を論じていくことにします。

第三部

盛田昭夫と平岩外四の思想

―日本企業の誇り、盛田と平岩の企業論―

はじめに

盛田昭夫と平岩外四。私はこの二人の名前を書く時、逆に書いたことはありません。いつも盛田昭夫と平岩外四です。年齢的には平岩外四が七歳年上で、経団連時代は平岩が会長で、盛田が副会長であったけれども。

なぜなのか。自分ながらに自問自答をしますが、よくわかりません。なのに盛田昭夫と平岩外四の順になっています。それでもその理由が少し分かって来た感じがします。端的に言えば、私が盛田贔屓だからということです。盛田の企業哲学は家族主義です。家族主義こそが年功序列と終身雇用制を生み出し日本の技術力を高めてきたとするのが彼の企業哲学です。そしてこれこそが私には理想の哲学と思えるのです。つまり、これが盛田を贔屓する理由なのです。

私が夜間定時制の高校に通っていた頃、勤めていた伊奈製陶株式会社（現リクシル）の社長が、誕生月の従業員を昼食に招いてくれたことを懐かしく思い出します。運命共同体を感じ一生懸命働いていたものです。これこそが私が企業哲学を支持する原点です。

平岩は、共生の理念に立つ経営論までは到達しました。盛田に学びつつ。こういう書き方をすること自体、盛田贔屓丸出しです。しかし、平岩は家族主義の企業哲学には到達し得ずに、リストラや新技術移入を容認していきます。つまり新自由主義と儲け主義に屈していきます。

盛田はどうか。新自由主義と儲け主義に抗しましたが、しかし脳梗塞に倒れてしまい、結果として屈します。しかし新自由主義と儲け主義に屈した点では同じでも、やはり違うと思えるのです。

しかし平岩が屈したかどうかの厳密な判定は私の能力では不可能です。それゆえこの論議はここで打ち切りにします。前にも言いましたが、盛田の企業哲学も、平岩の共生の理念による経営論も、ともに出色です。この出色性を哲学論として後世に伝えておきたい。これが第三部を設けた最大の理由です。

第二部の「おわりに」で書きましたが、そのためには、まず平岩外四の原発責任論に決着をつけておかねばなりません。その後で、盛田の企業哲学と平岩の共生の理念による経営論の素晴らしさを論じることにします。

第1講　平岩外四の原発責任論

福島原発事故（東日本大震災）以降、日本の原発は発電をしばらくの間休止させられていましたが、今は安全が確認されたとして、何基かが発電を再開しています。安全の基準が公表されていますが、私にはよく理解できないので、責任ある機関が再開を許可したのだからと思いつつ、私は不安を抑えられないでいます。

感じとして言えば、原発政策が木川田や平岩の時代に戻っただけのように思えます。

木川田と平岩の原発論は、原発開始当初は、原発推進論の立場から言えば（反対派の論点を無視すればですが）、ある意味で完璧でした。点検・保守・保全の徹底において推進すると言うのですから。それゆえ、原発開始当初においては原発事故の責任はなかったと言えます。

しかし右の木川田や平岩の「原発事故の責任なし論」は、推進論においてのことであって、科学論に基づく反対派の主張を無視して原発を進めた責任は永遠に消えないと言っておきます。カントは言っています。科学において解決していないことを、主観的願望で解決したと思ってはいけないと。主観的願望を実現したいなら、解決を科学にさせてからするのでなければならないと。今日の原発問題で言えば、原発事故が発生した時に、ただちに放射能汚染を阻止できる技術の範囲内において、原発を推進するのでないといけないとなりましょう。

反対派の主張は、原発での使用済み核燃料であっても、閉じ込め冷やしつづけない限り核兵器になる危険なものであるので、やめなさいというものでした。どちらが正しかったかは自明です。反対派に決まっています。木川田や平岩をはじめ推進派の責任は永遠に問われなければならないでしょう。問われなかったら、また過ちを犯すことになります。

酷かもしれませんが、原発事故が発生した今日の時点で言えば、木川田と平岩に、想定外の事故を想定することなく原発安全論を唱えてきた責任を問うのは当然です。それとともに、原発再開を審査している機関も、想定外の事故を想定した上での審査でなければならないのは当然です。はたしてそうしているのでしょうか。心配です。福島原発事故は今なお終息していません。

私は、原発の再稼動を許可するには、少なくとも、想定外の事故が発生しても（例えばメルトダウン）、すぐ鎮静化できる規模のものでなければならないと思っています。本当は研究室規模のものがよいです。そうもいかないと言うのであれば、鎮静化できる範囲の規模のものです。放射能汚染阻止の技術は確立されていないのですから。また東日本大震災規模の原発事故が起きたら日本はどうなるのでしょうか。想定外という言い逃れはもうできませんね。

結論として言えば、平岩外四の想定外の原発事故を想定せずに原発を推進した責任は、永遠に問われると言っておきます。そして、平岩の責任はここまでとも言っておきます。今後は原発事故を想定して進めるのですから、これ以降の事故責任は、推進者たちにあるとなりますので。

平岩の共生の理念による経営論に移ることにします。

第2講　盛田の企業哲学と平岩の共生の経営論

「平岩の共生の理念による経営論」を「平岩の共生の経営論」としました。理由はタイトルは長たらしいより端的で短い方がいいと思ってこうしました。それに、共生の理念によってつくりあげていく経営論のことですので、共生の経営論と意味において同じとなります。それゆえこうしても許されるだろうと思ってこうしました。

さて、私は、前にも言いましたが、平岩の共生の経営論は、盛田の企業哲学に学び導かれる中で形成されたように思えてなりません。平岩の頭の中にあった思いが、盛田と出会う中で、具体的な思想となって現れた、こう思えるのです。そしてこの理解において間違いはないだろうと思っています。しかしこれはあくまでも私の仮説です。いわばこの仮説を論証していくのが本講の仕事となります。

しかし本当は、盛田が平岩から学んだのかもしれません。決定的なことは言えないですから。しかし鈴渓義塾を敬服する私にはどうしても盛田・平岩となります。しかし平岩は安岡正篤から恕の心を学んだと言います。鈴渓義塾も安岡正篤も儒教です。鈴渓義塾にはこれにプラス仏教が加わりますが。基本的には同じです。贔屓からこう言うだけです。逆もまた真なり。平岩・盛田も真でしょう。平岩派の人にはよろしくご了解をお願いしたい。

盛田と平岩の本格的な出会いは、一九八六年に盛田が経団連副会長に就任し、平岩と同席する時代から、一九九二年に盛田が経団連副会長を退任しますが、この間の六年間となります。しかし本当は二人の交流はもっと以前からあったことでしょうし、これ以降も。二人は同じ常滑市の出身で、それぞれの会社で社長の地位にあったからです。だから、この二人の本格的出会い云々は、新自由主義の台頭とともに、欧米諸国から日本型経営が批判されるようになって、日本の企業経営の舵をどう切るかで奮闘した時代での出会いとしておきます。

平岩はこの間に一九九〇年経団連会長に栄進します。平岩の任期が一九九四年なのに、盛田は一九九二年に退任します。このことから二人の間を勘ぐりたくなりますが、私の方にはそれに類する情報は何も伝わってきていません。平岩が後任に盛田を希望していたとは聞いていますが。その盛田は一九九三年に脳梗塞で人事不省に陥ってしまうのでした。

勘ぐらざるを得ないようなものは何もありません。何かの事情でこうなっただけで、平岩は自分の後任に盛田を希望していた。私はこうまとめておきます。

盛田は『MADE IN JAPAN』を一九八六年に著わします。

欧米諸国から日本企業の集中豪雨的輸出に対する批判が起きますが、それにどう応えるかをテーマとして書かれています。

日本企業の市場での強さの秘密は技術力にあるとし、それを培ったのが日本企業が持つ家族主義であって、それが年功序列と終身雇用制を生み出し、労使の運命共同体的関係がつくられ、それが技術力推進の原動力になったというものでした。そして返す刀で、欧米諸国の市場での弱さは、儲け主義と馘首によって、企業内での技術力への関心が薄められ、劣化を生み出してきたことによるというものでした。総じて欧米諸国に反省を促す論となっています。その上に立って、日米欧で政財界人会議を立ち上げ、これから必要とされる技術問題で話し合いをし、競争をしながらも、市場を共存の場にしていこうという提案をするというものでした。

平岩はこの問題をどう考えていたのでしょうか。

一九八四年九月七日の「社会経済国民会議」の「経済政策研究会」での講演で、わが国企業の終身雇用と年功序列が生み出す企業内教育は充実していると言いつつ、それだけではやっていけなくなってきており、今や伝承型技術から創造型技術に移行する時代になったと言います。それゆえ、創造型技術者たちの企業への忠誠心と、伝承型技術者たちの陳腐化と不適応問題をどう克服していくかが企業の課題だとも。

二人の間に認識に差のあることが分かります。盛田が企業内技術への絶対的確信を持つのに対して、平岩は伝承型技術の陳腐化を言うのですから。もう少し見てから、この差を問題にすることにしましょう。

一九八六年一月、平岩は東電会長の年頭所感として、以下のように述べます。


高度情報化社会は人工の社会で、人間の尊厳を傷つける危険性を持つが、技術は人間の僕、人間こそが主人公。技術革新の目的は、人間の福祉を増進させ、社会進歩を促すものでなければならない。

先での発言と関係づけて言えば、創造型技術の採用は、人間の福祉と社会進歩を促す限りでのものでなければならないとなりましょう。

一九九三年二月の東電店所長会議での会長あいさつでは次のように言います。バブルで膨らんだ分野の整理・合理化は仕方ないとして、リストラを容認するようになります。そのリストラは、技術蓄積と人間能力の発揮できる組織化を忘れない形でと付加しますけれども。

具体策、具体的提案は示されていませんので、リストラの全面容認の感は否めません。この目で見ると、「伝承型技術から創造型技術への移行」の問題を、「人間福祉の増進と社会進歩」のためにとは言いますが、飾りのことばとして言われているように思えます。「伝承型技術者の陳腐化」とはきつい表現です。全面容認なのでしょう。

一九九四年五月二十七日の経団連会長退任のあいさつでは更に次のように言います。

今日のような転換期にあっては過去に模範解答を求めることはできない。新しい次元に向かって、大いなる肯定の精神で頑張ろう。

「過去に模範解答を求めることはできない」と言うのですから、盛田が過去に模範解答を求めて論じた日本企業論、つまり「企業哲学」との決別を意味します。盛田は『MADE IN JAPAN』の中で、日本企業の技術力の優秀性は、日本企業の家族主義にあるとし、模範解答を過去に求めているのに対して、平岩は、「過去に模範解答を求めることはできない」と言うのですから、平岩の変質は明らかです。なぜこう言ったのか。

理由がつかないので、私は第二部第4講では、この問題で、本当は平岩は、「過去に模範解答を求めよう」と言いたかったのではなかったかとまとめたのでした。

鈴渓義塾の思想で奮闘する盛田との出会いはもちろんだけれど、古典の中からの経営論をつくりあげてきた平岩外四です。彼が、自らの過去を否定する「過去に模範解答を求めることはできない」などと言うはずがないと思ってこうしたのでした。

盛田昭夫を失い孤立無援の中で、強まるばかりの新自由主義の儲け主義の圧力に抗するも、力尽き、こう言わざるを得ずしてこう言った。私がこう思ったからこうまとめたのでした。本当の理由は分かりません。もしかしたら、この差及びこの決別は文系頭と理系頭の差によるのかもしれません。しかし平岩には頑張って欲しかった。

しかし、なぜ私が「過去に模範解答を求めよう」にこだわるかと言いますと、盛田の企業哲学にも平岩の共生の経営論にも、「ともに幸せになろう」という哲学（道徳論）がありますが、これは過去の鈴渓義塾などで育まれた技術で社会を幸せにという精神によるもので、この社会を幸せにという哲学こそが、家族主義を生み出し、更なる技術の優秀性を生み出してきたのでした。この技術論が崩壊すれば、盛田の企業哲学も平岩の共生の経営論も崩壊します。技術で社会に貢献という企業の紐帯がなくなるからです。

これがなくなれば、企業は新自由主義の跋扈の場になってしまいます。儲けだけが目指され、技術で社会に貢献という思想は育たなくなるからです。

盛田・平岩以降、日本社会や日本経済における哲学思想・道徳思想の劣化は深刻です。豊かな国づくりと世界平和実現の思想は忘れられ、馘首自由の非正規雇用と所得配分の規制なしの消費税がつくられ、貧富の格差は深刻になるばかりです。

盛田と平岩が説いた道徳ある企業論は、今や敗北の企業論となっています。忘れられていますので。しかし永遠に忘れられていてよいわけはありません。いつかは蘇らせるのでなければなりません。哲学や道徳なしでは、人間は人間として生きることはできませんので。私はその一助になればとの思いで、この本を書いています。

以下で、平岩外四の経営論についての私の今までの類推を見直すことにします。本当に平岩の経営論は盛田の企業哲学と決別したのかを見極めるために。

平岩の共生の理念における経営論が誕生したのは一九九三年です。

『平岩外四　対話と交流』を読むと、経団連による自民党への政治献金の斡旋をやめて以降、平岩は企業の道徳性を問題にするようになります。利潤追求だけの企業では社会秩序を乱す恐れがあることを知ったからでしょう。企業の社会的責任は法に違反しないだけでなく、倫理に違反してもいけないとか、経営は人間学を深める方向でなされるべきであると言い出します。ここまでは盛田と完全に一致しています。

私はこの平岩の態度を、第二部第4講では、木川田や安岡の影響としておきましたが、盛田との関係が出来た経団連役員同士という目で見ると、盛田と平岩は一心同体のように見えます。平岩はこれに続けて以下のようにも言い出します。

企業の企業性は公益性と一体のものでなければならないとか、企業は社会の中にあるゆえ社会性を内在させるのは当然だが、同時に社会とともに生きるのでなければならないとか、社会に信頼されるものになるのでなければならないと言い出します。更に、今日は国際秩序模索の時代で、地球規模での協力が求められているとか、それゆえ企業も利益中心の経営から、弱者とともに歩む企業、世界の企業とともに歩む企業を目指すのでなければならないとか、企業も一国平和主義や一国繁栄主義だけでなく、日本と世界の発展に寄与する道を探究するのでなければならないとも言い出します。そして異文化を尊重し相互に宥和し合う精神を失ってはいけないとも。

これらを読むと、違いどころか、平岩の発言は、盛田の『MADE IN JAPAN』と「日本型経営が危ない」に述べられている思想、つまり企業哲学との酷似を感じます。しかもこの酷似は、平岩が盛田から学んだというよりも、平岩が盛田の意見に同意し、平岩が自分のことばで盛田の思想を述べるという形において酷似しているように見えます。

ということは、両者に違いはない。

しかし、にもかかわらず、両者には、過去に規範を求める点で、違いが出てきたのでした。求めようという盛田に対して、求めることはできないと平岩は言うのですから。

この違いをどう考えたらいいのか。私は先には、平岩の盛田からの離反、決別の本当の理由は分からないとしつつも、新自由主義の圧力に屈してと類推しておきましたが、この類推は正しくないように思えてきたのでした。両者はこれほどに一致しているのですから。この類推を次のように変更します。

私は第二部第4講の後半で、平岩の「技術論とリストラクチャリング」を問題にした時、平岩がリストラは避けられないと容認しつつも、「社内への技術蓄積と人間能力の発揮できる組織化を忘れてはいけない」と言っているのを、具体的提案がないとして、軽く見てきましたが、この類推は正しくないと変更します。

この平岩の見解は、陳腐化した技術のリストラは避けられないが、新技術の導入は、社内への技術蓄積と人間能力の発揮できる組織化においてなされるべきであるとの立場からのものと解すれば、企業は技術で社会に貢献という目的は貫かれていきますので、盛田と平岩の間に差はなくなります。差はないと訂正します。

私はこう類推するのが正しいと思います。こうであれば、ご両人の企業論・経営論は、企業を共存・共栄の場としてとらえ、ともに幸せになるために頑張る企業論・経営論となります。これだったら、世界に誇れます。世界に誇れる企業論・経営論と言っていいことになります。ご両人の企業論・経営論は共生の理念を持つ企業論・経営論です。哲学の実現を目指す企業論・経営論です。

本来、企業・経営はこういうものとしてありました。鈴渓義塾の祖盛田命祺はこういうものとして盛田酒造を経営したのでした。新自由主義の儲け主義が台頭する中、この思想が忘れられようとしています。盛田昭夫はこの盛田命祺の思想を企業哲学として復権させようとし、平岩外四は盛田に呼応して共生の経営論を説いた。二人の関係はこういう関係と言っていいでしょう。

残念ながら、この新自由主義との対決の中で、盛田昭夫は人事不省に陥り、平岩外四は孤軍奮闘の中で経団連会長を退任することになります。

しかし共生の企業哲学や経営論は必ず復権されなければならないし、復権するものと思っています。哲学のない企業論・経営論では人間は豊かになれないですから。

私は、「まえがき」で、平岩外四を鈴渓義塾の後継者として位置づけるのに苦労したと書きましたが、今述べたことで、後継者論については、納得していただけたのではと思っています。

おわりに

私の好きな表現方式として、「○と△、あいまって良となす」。「○がなければ△なし。△なければ○輝かず」があります。

私は盛田聶肩から、「盛田昭夫と平岩外四、あいまって良となす。盛田昭夫なければ平岩外四なし。平岩外四なければ盛田昭夫輝かず」と言いますが、これが逆の表現であっても異存はありません。むしろ逆の方が正しいのかもしれません。古典による裏付けは平岩外四の方が深いと思えるからです。ともあれ、右で見たように、共生の企業論や経営論は両人によって生み出されたことは明らかです。

そして私は、日本企業がつくりあげてきた終身雇用制と年功序列の家族主義はとても大切だと思っています。しかし盛田と平岩において、この理解に差のあることは自明です。盛田は断固堅持すべしと言っています。『MADE IN JAPAN』を読む限り。それに対して、平岩は伝承型技術ではこの技術革新の時代には対応できなくなったと言って、外注の創造型技術への移行を容認しています。しかもリストラと馘首の問題でも、仕方のないものとして容認をしています。

共生の企業論・経営論は両人において共通でも、この家族主義では見解が分かれています。私はリストラや馘首があってはアイデンティティは形成されないので、盛田を支持しますが、しかしこの家族主義も競争に負けて倒産になれば、意味のないものになりますので、盛田支持が不動というわけではありません。

本当の道はあれかこれでなく、どちらの道を歩むにせよ、企業は共生の道を忘れてはいけないとなるのではないでしょうか。

今日の日本では、そして多分世界でも、リストラと馘首が横行し、しかもリストラ要員の非正規雇用も用意され、貧困と格差社会がどんどんつくられています。

盛田の早すぎる死と平岩の早すぎる引退を残念に思います。

結論的に言うと、彼らは共生の企業論・経営論を提出しただけに終わっています。もう十年長生きをして、実践して欲しかった。今となっては、この希望は、盛田と平岩の意想を大切に思う者の課題となっていることは論をまたないけれど。

あとがき

私はこの本を書き上げる前に、久しぶりに鈴渓資料館を訪ねました。市民大学での講義要綱を作成している時には何度も訪ねましたが、この要綱を本にするのだから、盛田昭夫の心をしっかり確認しておこうと思って、改めて訪問したのでした。

この鈴渓資料館は、盛田昭夫の企画の下に、一九八四年に建設されました。

豊臣秀吉の時代から続く大庄屋としての盛田久左衛門家の資料を保管する蔵とその文書を、風雨による劣化から守るために、奥さんの知恵も借りて、蔵を覆う形の資料館を建設したのでした。それゆえ館内は蔵とミーティングルームの二本だてになっています。

そして、このミーティングルームが素晴らしいのです。盛田命祺翁を顕彰する場になっているからです。

私は第一部の第1講、第3講で、盛田が『盛田家文書目録 上』の序文で、「国際協調を積極的に推進する必要に迫られている［今日］……過去の歴史社会を適確に認識することは……極めて重要である」と言い、「徳川時代の社会経済文化を創りあげた国民の能力と資質」

を、これらの文書を通して認識して欲しいと言っていることを紹介しておきましたが、この「徳川時代の社会経済文化を創りあげた国民の能力と資質」とは、具体的には盛田命祺翁の能力と資質であることが分かる仕組になっています。

南面の壁には、大正七年に命祺顕彰のために建てられた盛田命祺翁の銅像の題額として侯爵徳川義親公（貴族院議員、尾張徳川十九代当主）から贈られた文言（厚徳廣恵）を実物大の写真で示し、北面の壁には、明治十一年に愛知県令の国貞廉平から贈られた扁額（敬業堂）を掲額しています。

「厚徳広恵」は、厚い徳心を持って広く恵んだという意味です。村民とともに生きた盛田命祺を讃える文言になっています。

「敬業堂」は、仕事を敬い大切にした人という意味でしょう。現代語で言えば技術革新に尽力した人となりましょう。

訪問のついでに、私はこのミーティングルームでしばし瞑想をしてきました。

盛田は日本企業の精神は鈴渓義塾の創始者盛田命祺翁にあると確信して、この資料館をつくったに違いないと思いました。

豊臣秀吉の時代から収蔵されてきた資料はまさにお宝です。この資料が翻刻され、現代語訳された時、この知多の営みが新しい次元で明らかになることは間違いないでしょう。

そのお宝蔵に併設される形でミーティングルームがつくられ、そのミーティングルームは「厚徳広恵」と「敬業堂」を掲げ、盛田命祺の企業精神を伝えるものになっているのです。

この鈴渓資料館は、繰り返しますが、盛田昭夫の企画に基づいてつくられたのでした。穿った見方をすれば、日本企業の伝統の企業道徳や企業哲学を破壊して止まない新自由主義の儲け主義の台頭を前にして、迎え撃つ思想的準備としてこの鈴渓資料館をつくったようにも見えます。これ以降、盛田は『MADE IN JAPAN』において、井深大と始めた企業哲学論を仕上げていき、経団連時代には、先輩の盟友平岩外四とともに共生の経営論を樹立していきます。穿った見方と言いましたが、穿ってではなく、まさに一本の道のように見えます。

盛田命祺そして溝口幹によって創始された鈴渓義塾の思想は、盛田昭夫と平岩外四に継承されていると言っていいでしょう。今は忘れ去られようとしていますが、鈴渓義塾の道は哲学の道です。だれかが復権に立ち上がることでしょう。それはいつか、命祺と幹、昭夫と外四は天涯から固唾を呑んで見守っていることでしょう。

ご意見をお聞かせください。

470-2401　愛知県知多郡美浜町布土字和田 37-3

久田健吉

TEL & FAX　０５６９－８２－０８２６

久田健吉（ひさだけんきち）

1942 年生まれ。66 年愛知教育大学卒業。72 年名古屋大学大学院修士課程修了。74 年大同大学大同高等学校就職。2002 年同校退職。05 年名古屋市立大学大学院博士課程修了。同年博士号取得。06 ～ 08 年名古屋市立大学と中部大学技術医療専門学校で非常勤講師。最近まで知多市・東海市・豊明市にある市民大学で講師。

［著書紹介］

『私立工業高校復権宣言』（高校出版、１９９４）

高校教師だったころの教育実践録です。「哲学とは理性の心、それは隣人愛の実践」という哲学テーゼを確立する以前の、いわば模索の時代の著作です。

『我が哲学人生　隣人愛の道』（自費出版、２００２）

高校教師の中で見つけた隣人愛の道、これこそをこれからの我が哲学人生の道標にしよう、こんな思いから、高校教師退職を記念して出版しました。

『ヘーゲル国家論の原理』（晃洋書房、２００９）

学位論文。ヘーゲルの国家論の原理は隣人愛です。このことを論証しました。ヘーゲルの原典に即しているので難解ですが、大事なことは解明できたと自負します。

知多の哲学者シリーズ（ほっとブックス新栄）

①『知多の哲学者たち』（２０１２）

谷川徹三、森信三、中埜肇、梅原猛の思想を扱っています。

②『隣人愛と倫理学』（２０１３）
聖人の思想を扱っています。聖人とはイエス、仏陀、孔子、ソクラテスのことです。倫理学の土台は聖人の思想にあります。
③『ドイツ観念論物語』（２０１７）
カントの道徳律がドイツ観念論の根幹をなします。この理解の下に、カント＝ヘーゲルとして論じました。両者をつなぐ要の位置にあるのがカントの『判断力批判』です。
④『村民とともに生きた盛田命祺と溝口幹（鈴渓義塾物語①）』（２０１８）
鈴渓義塾を舞台にした盛田命祺と溝口幹の物語です。村民とともに生きた盛田命祺の思想を、溝口幹は鈴渓義塾で開花させました。
⑤『廃仏毀釈の嵐の中　フェノロサらとともに日本仏教を守った櫻井敬徳』（２０１９）
フェノロサは櫻井敬徳に学んで仏教徒になりました。何を学んだか。「円頓菩薩戒」です。櫻井敬徳はこの「円頓菩薩戒」の体現者でした。
⑥『櫻井敬徳の思想的土壌としての西阿野村慶応二年の〈御触留〉読解』（２０１９）
櫻井敬徳の思想は、共存に努力する西阿野村で育まれたと言って間違いないでしょう。
・『櫻井敬徳勉強会の記録』（２０２０）（共著）

これは櫻井敬徳の出身地常滑で行った勉強会の記録です。記念文集と資料編からなっています。資料編には貴重な資料が含まれています。

⑦『大欲の菩薩道に生き、哲学者として生きた愛知用水の父　久野庄太郎』（2020）
久野庄太郎は知多半島随一の哲学者と言って過言でないでしょう。しかし愛知用水をつくっただけの久野がなぜ。読めばすぐ分かります。素晴らしい哲学者でした。

⑧『企業哲学と共生の経営論を説いた盛田昭夫と平岩外四（鈴渓義塾物語②）』（2020）
新自由主義が台頭する中、日本は集中豪雨的輸出と世界から批判されていました。二人は鈴渓義塾の思想で以てこれらとたたかい、克服の道を示しました。

＊お求めは書店に。ない場合は著者に。善処します。

〒四七〇―二四〇一　美浜町布土字和田三七の三　久田健吉
ＴＥＬ＆ＦＡＸ　（〇五六九―八二―〇八二六）

企業哲学と共生の経営論を説いた
盛田昭夫と平岩外四　　—知多の哲学者シリーズ⑧—

2020 年 10 月 31 日

著者：久田　健吉

発行：ほっとブックス新栄

発行者：藤田　成子

461-0004　名古屋市東区葵 1-22-26

Tel：052-936-7551　　Fax：052-936-7553

ISBN978-4-903036-37-3　C0010　¥1000E

印刷：エープリント